母は死ねない

河合香織

筑摩書房

母は死ねない　目次

装画　椎木彩子

ブックデザイン　鈴木成一デザイン室

母は死ねない

母と生の狭間で

私は感染症で生死の境を彷徨ったことがある。
それはわが子を生んで九日目のことだった。

雨が止んだ後の空気が澄み渡る四月の終わり。三十七歳で子どもを産み、一週間ほどの入院後に、純白の産着にくるんだわが子を腕に抱いて家に帰った。

初めて見る我が家は、その目にどう映るだろう。窓から差し込んだ光は床に模様を描いている。真っ白な木製のベビーベッドに生後一週間の赤ん坊をそっと寝かす。布団もベッドメリーも柔らかい色合いで揃え、布団カバーと同じ柄のくまのぬいぐるみを用意していた。私のベッドとベビーベッドは、段差が出ないようにちょうど同じ高さにしてある。人生で初めて帰る家は、平和に満ちた穏やかな場所として迎えてあげたいと思っていた。

泣くかもしれないと予想したが、すぐに子どもはすやすやと眠り始めた。いつまでもその寝顔を見続けていたくなる。こんな平穏な時間は人生にそうはないだろうと考えていた。

時どき、あの日のことが急に甦る。そうすると、今生きている自分がどこか知らない他人のように感じるのが不思議だ。何かの間違いで、誰か別の人の人生を生き直しているような思いがするのだ。

あの日に、幾度も繰り返したのは、「助けてください」という愚直な言葉だった。声がかれるほど叫んでいた。

自宅に戻った翌日、昼食に焼きそばを食べた。穏やかな天気の過ごしやすい日で、昨夜も授乳のためにあまり眠れなかった私は昼寝でもしようかと思っていた。

「ジョギングにでも行こうかな」

夫はのんきに言ったが、私は「赤ちゃんが帰ってきたばかりだから、やめておいたら」と何気なく引き止めた。

その数十分後に、それは前触れもなく、鈍器で殴るかのように襲いかかってきた。とつぜん激しい悪寒がして、歯がガタガタと大きく鳴って止まらない。体温は四十度を超えていた。背中には猛烈な痛みが走り、じっとしていることができずにのたうち回る。一週間ほど前の出産は四十八時間にわたる難産で、激しい痛みのために何度も吐き戻し、トイレで倒れたこともあった。その末、胎児の心音が下がり緊急帝王切開になった。それでもなお、この時に襲いかかってくる痛みは出産時とは比べ物にならないほど凶暴だった。

助けてという声は失いそうになる意識をつなぎとめる細い糸だった。傍らの白いベビーベッドに眠るわが子がいるのも構わずに、大声で叫び続けた。助けてください。ベッドメリーが私の叫び声でゆらゆら揺れている気がした。

救急車が到着し、昨日退院したばかりの病院に私は運ばれた。

救命救急センターは混み合っていて、夫と子はどこかに行ってしまった。私は痛みに転がりながら、孤独の中にいた。出産後に高熱が出ることは珍しくないから、緊急性がわかってもらえなかったのだろうか、すぐには治療は始まらなかった。

ようやく来てくれた看護師が体温や血圧などを測る。

「これは危ない状態ですよ」

深刻そうでもなく、何気ない様子で告げながら、私の血圧が七十台となっていることを説明した。血圧が六十を下回ると、家族や親類などを呼ぶのだとのちに医師から聞いた。

私が助けてくださいと頼むと、「ステロイドを注射しますか」と看護師は言った。医学的知識のない素人なのに、悶え苦しんでいる時にステロイドを使用するかどうかの判断などできようがない。何も答えられずにいると、またしばらく私は一人になった。

大型連休初日のために、スタッフが少ないのだろう。痛みにもがく。助けてくれと叫ぶ。放置される。白血球が減っていく。世界が白い膜に覆われる。助けてください。どんなことでもしますから助けてください。泣きながら懇願していた声もやがて尽きた。


救命救急センターから産婦人科に移った時には、すっかり暗くなっていた。そこは一日前まで私が入院していた病棟だったが、まったく知らない別の場所のように思えた。

「救命救急センターでは母乳の管理ができないため、産婦人科での入院となります」

そう話す看護師が退室すると、ものものしい防護服を来た医師数人が病室に入ってきて告げた。

「これは退院してから起きたことですから、院外感染です」

命の危機に際して、まず院外感染だと告げなければいけない理由を薄れる意識の中で考えていた。

白血球数は八百を下回ろうとしていた。このままでは命が危ない。そう考えた産婦人科の若い研修医が、休日の夜で病院に不在だった感染症専門医に電話をしてくれたらしい。

感染症科の医師が三人駆けつけてくれた。いちばん年配の医師からは、少し酒の匂いがした。休日にくつろいでいたところだったのかもしれない。それでも、てきぱきと薬の種類を変更したり、増やす指示をし、病状を説明してくれる姿にようやく「助けてください」と言わずにすむと思った。

私の病名は敗血症性ショックとＤＩＣ（播種性血管内凝固症候群）といって、血管内の血が凝固してしまう症状だという。血栓を溶かすためにフサンの投与が始まった。ウイルスなのか細菌なのか、どんな微生物に感染したのかはまだわからないから、これから検査をするという。

そして、感染症医は言った。

「これは退院後すぐの発症ですから院内感染です」

病院にとっては、院内感染と院外感染の区別はきっと重要なことなのだろう。

だが痛みに悶えるその時の私には、どちらも同じように思えた。

そうして、私は陰圧室に移された。アンモニア臭がするその部屋には、耳障りな羽音を響かせる蚊が飛んでいた。看護師が蚊取りマットをセットしてくれる。なぜ病室に蚊がいるのだろう。

夜が深まるのと引き替えに、目の前の膜が一枚そっと剝がれた。薬が効いたのかもしれない。時が再び耳元から流れ出した。

病室に夫がいることに気づくと、私は頼んだ。

「ガリガリ君を買ってきて」

「そんなものをなぜいま」

理由は自分でもわからない。死に瀕した時になぜそんなものを欲しがるのか、夫は理解しかねている様子だった。私の頑固さに根負けした夫が買いに走ってくれている間、いちばん若そうな感染症医に尋ねた。命が危ないと言われたが、もう大丈夫なのかと。

「まだ三日間くらい様子を見ないと何とも言えません……」

細い目はそう告げた。私は医師の汚れた靴ばかり見ていた。疲れ果てていた私は、なぜだか驚きもショックも感じなかった。

とにかく今はガリガリ君。それさえあれば。

歯に確かにぶつかる甘ったるく硬い感触を切望していた。

わが子は新生児室で預かってもらっていた。私は何ものかに感染しているため、子どもに会うことができない。

「いったん退院した後だから、母親が入院しても、本当は新生児室で赤ちゃんを預かることはできないんですよ」

看護師は気の毒そうに言う。

「今は特別預かっているだけで、明日からはどうしても無理です」

夫は、自分の仕事のある時に赤ん坊の世話を誰にしてもらおうかと頭を悩ませている。高齢の両親に頼むか。あるいは乳児院という選択肢もあると看護師は続ける。

命の最後の時というのは、自分が想像していたよりも、案外あっさりしたものなのかもしれない。それまでに、人生最後の食事に何を食べたいかを考えてみたこともあった。だが実際に、ひょっとすると本当に最後になるかもしれない時になると、そんなことはまったく関係なかった。これが最後であろうとなかろうと、とにかくガリガリ君を口に含みたかった。

のちにこの時の話を知人にすると、「ガリガリ君サイン」という言葉が介護の現場にあると教えてくれた。重症者がガリガリ君を欲しがるようになると、命が危ないのではないかと疑うのだという。私はもともとガリガリ君が好きだったわけではなく、幼い頃に食べたきり欲しいと思ったことは一度もなかった。

「なんでガリガリ君だったか不思議だったんです」

私が首をひねると、彼女は「だから」と言った。

「ガリガリ君サインだったんですよ。本当に危なかったんですね」

ガリガリ君でなければならなかった。氷ではもの足りない。

人と人はわかりあうことが難しいと思って生きてきたけれど、覆っていたものがむき出しになる生の現場では、人間の欲望や感情の種類は実はそれほど多くないのかもしれない。生死の境では身体の発する声に従うしかなかった。世にはいろいろな欲望があるはずなのに、あまりに単純な願いに何だか愉快な気持ちになった。

私はガリガリ君で口元をベタベタにしながらも、「もう一本お願い」と貪欲に求めた。その時になってようやく、夫は着古した部屋着のまま、家を飛び出してきたことに気づいた。着替えたり、何かを取って出る暇はなく、着の身着のままで赤ん坊を抱えて、救急車に乗り込むしかなかったのだ。

「蚊を出して」

私は誰に言うともなく、声に出した。蚊の羽音が大きくなった気がした。

一体、この音は何だろう。本当に蚊なのだろうか。何もかもが不確かで、どこにも実体などないように思えてくる。確かなのは、ガリガリ君だけだった。

命が危ないと言われてもなお、助産師は頻繁に病室にやってきて、私の母乳を搾った。放っておくと乳腺炎になるからだと説明した。

私の身体はもう自分のものではないのかもしれない。

生きることと母であることが綱引きしているかのような思いがした。

そんな時は、私は産まれたばかりのわが子の白髪のことを考えていた。

それまで本を書くことを「産みの苦しみ」と表現したこともあったが、実際の出産はそんな生ぬるいものではなく、命の誕生は激しいものだった。どんなことでも体験してみなければわからない、という意見が苦手だと思っていたけれど、浅はかな自分を笑いたくなった。人が生まれ死ぬ現場は想像を超えることの連続だった。

しかし、そんな張り詰めた時の中で、もっとも意外だったのは産まれたばかりのわが子に白髪があったことだった。茶色がかった細い毛の中、左耳の後ろに三本の白いものが確かにあった。

なぜ新生児に白髪があるかは科学的にはいくらでも説明できそうだが、私は勝手に胎児の頃の老化だと決めつけた。母である私だって、生まれる前から老いていたのかもしれない。人の卵子が一番多いのは妊娠七ヶ月の胎児の頃だそうで、その時は七百万個あるという。だが、生まれてくる時にはすでに五百万個まで減っていると何かで読んだことを思い出していた。

この世に誕生する時に、人はすでに老い始めているのだ。もしいつか、今度子どもと会える時があったら、その白髪は増えているのだろうか。


来るのかわからないと思われた次の日の朝は、それでも迎えられた。

一週間近く経ったのち、看護師に支えられながら部屋のシャワーを浴びた時、自分の体は驚くほど瘦せていた。臀部の肉はまったくなくなり、足は骨だけのようだった。

連休中なのにもかかわらず、感染症医は毎日やってきてくれた。ひとまず命の危機を脱したとわかったのは、「まだ容態がどうなるかはわからない」と言った若い医師が、「あの時は本当に重篤で、ああ言うしかない状態だったんです」と話してくれたからだ。とはいえ今も「超重症が重症になったくらいです」ということだった。

本も読めず、文章も書けなかった。三、四時間ごとの点滴交換と母乳搾乳が交互にあり、ゆっくり眠ることもできない。母乳は搾っても、全部捨てるだけだ。それでも、搾らなければもう出なくなるという。いつか母乳を子に与えられる日が来るのか。捨てられるだけの哀れな母乳。そして母乳を奪われたわが子は今どうしているのだろう。

私は一日中飽きずに子どもの写真を見て過ごした。毎日夫が写真を送ってくれたが、写真では身体の重さがわからない。この地球に生きているという重力の証を知りたいと切望した。

そんな時に心に浮かんだ言葉があった。

「母は死ねない」

数年前にその言葉を聞いた時は、私は何もわかっていなかったことにその時点になってようやく気づいた。

その母親に初めて会ったのは、東京地方裁判所だった。

二〇〇六年に、三十代の女が夫を殺害し、遺体を切断して遺棄した。新宿の路上でビニール袋に入れられた上半身の遺体が見つかり、空き家の庭からは下半身が発見された。頭部は公園に捨て、手首はゴミに出したという。女は背が高く、夫は外資系金融機関に勤務していたため、「セレブ妻」とメディアは彼女のことを報道した。

私はこの事件を取材しており、傍聴券を求めて長い列に並んでいた。私のすぐ後ろに、その母親はいた。「抽選は何倍くらいですかね」といった他愛のないことから会話は始まった。「私の息子も同棲していた女に殺された。被害者のお母さんの役に立てることがあればと思ってやってきた」と言う。

抽選には、ふたりとも当たったのだったろうか。いや、私は外れたが、余っていた傍聴券を知らない人からもらったのだ。私はその母親ともっと話したいと思い、「今日の裁判が終わったらお茶でも飲みましょう」と誘い、私たちは地下の喫茶店で待ち合わせた。

巷には様々な喫茶店があるものだが、裁判所の喫茶店には人生の辛苦が詰まっているかのようだ。店内に入ると、缶詰のサクランボと皮付きのりんご、生クリームたっぷりの昔ながらのパフェを食べている人たちが目に飛び込んでくる。裁判所に似つかわしくない食べ物のように思えたが、一人でパフェを食べている人たちは思いの外いた。だが、誰もが楽しそうではなく、敵と戦うかのように黙々とパフェと格闘している。私たちは、ストレス発散に甘いものでも、という気持ちにはなれず、温かい紅茶を頼んだ。

その母親は自分の息子が殺された状況を細かに語り始めた。服役中の犯人に対する怒りを抑えられない様子だった。一通り、話し終えた後で、彼女は言った。

「血を拭いたんです」

なかなか足が向かなかった息子が暮らしていた団地に、母は行った。そこは息子が殺された現場でもあった。

「床には血溜まりが黒く固まっていました。それを私が雑巾で拭くと、中から赤い血が出てきたんです」

喫茶店の格子模様の床が、赤く染まったような思いに駆られた。そんなことがあるのだろうか。黒い血だまりから吹き出る、もうこの世にはいない息子の赤い血。

どうして誰か代わりに拭いてあげないのだろう。子を亡くした母に血を拭かせるなんてあまりに酷ではないかと私は憤った。だが、人に頼むことなんてできないのだと母親は言う。息子と犯人の関係にもっと早く気づいてあげられなかったのか。どうして命を救ってやれなかったのか。

親として子を救えなかった自責の念から、何年経っても逃れられない苦しみを吐露する。けれど、と母親は続けた。

「死にたいほどつらいと思っても、死ぬことなんてできません。母は死ねません」

なぜ見ず知らずの私にそんな大切な話をしてくれるのだろう。

その時はまだ彼女の気持ちを理解していなかった。

それからも、その母親が働くファミリーレストランで一緒に食事をしたり、講演を聞きに行くという交流を続けてきたが、徐々にメールを交わすだけとなっていった。

幾年経とうとも、母親が抱える苦しみの核はあの日で止まったまま変わらない。変わらない苦しみを聞き続けることに、身勝手な私は少し疲れ始めていた。一方、彼女は、子どもを失って苦しむ他の母の話を聞く活動を続けていた。最初に裁判所で出会った日も、わが子を殺された母親を放っておけなくて、苦しみを分かち合いたいと駆けつけたのだという。

鈍い私は何年も経って、自分が死に瀕してようやく、彼女の言っている意味の一端を理解できたように思えた。

自分が母となり、自分の命よりも大切な存在ができることは、喜びも大きいが、苦しみも深いということを初めて知った。もちろん、子の命が失くなったことと自分の命を比べることなどはおこがましい。けれども、どんなにつらいことがあろうと、子どものことを考えれば、

「母は死ねない」。「死ねない」というのは比喩だ。どんなにつらくともわが子が流した血は自分で拭かなければならないということなのではないだろうかと思い至った。

わが子に会えず、外にも行けない病室で、私が会いたいと切望したのはあの母親だった。

どうして語ってくれたのか、今ならわかる。今度は私が話を聞いてもらう番かもしれない。


長袖から半袖に服装が変わる頃、私はようやく退院することができた。一ヶ月ぶりにわが子と対面する。

生んだばかりの子とは九日間しか一緒にいられなかったから、空白の時間の方が長い。顔を見ても照れくさくて、すぐに抱っこすることもできずに、どう接していいかわからなかった。子どもも、私のことを誰なのか認識していない様子で、すました顔をしているように見える。

おそるおそる震える気持ちで、探るように手をのばす。そして、左耳の後ろの柔らかい髪をかき分ける。

白髪は増えていた。数えてみると七本あった。眩しいものを仰ぐように透き通る髪を眺めた。

心が浮き立つ。誇らしくもあった。老いた髪。それは悲しみではなく、この新しい命もいずれ死に向かうのだという孤独でもなく、生きることの力強さを表す瑞々しさの象徴のように思えた。

ほんとうのさいわい

同じ年に子を生んだ親友がいる。私にとって第一子、彼女にとっては第四子だった。

由里は大玉の花火が弾けるように笑う。学生時代から勉強も運動も抜群にでき、けれど気取ったところはなく人望も厚い。ただ、何かをひけらかしたりしなかった彼女が、ひとつだけ誇らしそうにしていたのは「うちは美人三姉妹なのよ」ということだった。

確かに由里は美人だったし、すぐ下の妹も由里に似て、美しく優等生だった。そして、一番下の妹は脳性麻痺による重度の障害を持っていた。知的にも障害があり、言葉を話すことができない。

「美人三姉妹でも末っ子の妹が一番美人」

由里の言葉を私は内心きれいごとだと思った。だが、由里のきれいごとはきれいな言葉だった。由里が障害者施設のボランティアに周りの人を誘うと、参加者はどんどん増えていった。ボランティアなんて敬遠するという空気が一転して、急に楽しそうなイベントのように思えてくるのだった。

由里は障害者関係の仕事に就いた。大学を卒業してすぐに結婚し、続けざまに子どもを三人産んだ。ほどなくして幼子を抱えて離婚したが、それでも気丈だった。「私についてくれれば大丈夫だから」と子どもを安心させ、いったん子育てのために退職していた仕事にすぐに復帰した。

いつかの夏の終りに、「どうしているの」と連絡すると、夏休みは毎晩かならず家の前で花火をしていると由里は言った。

「周りの家も花火をやっているけど、うちは毎晩。子どもに寂しい思いをさせたくなくて」

由里の花火のような笑顔と、サンダルを履いた子どもたちがアイスを食べながら花火を見つめている様子が目に浮かんだ。

そんな彼女が今は、愛していた人に自在に自尊心を傷つけられている。

子どもが小学生になろうとする頃、久しぶりに由里と会い、丸の内に韓国料理を食べに行った。瓶漬けされているパイナップルやいちごの焼酎が鮮やかに並んでいる。食が細い私とは違い、由里はいつもは気持ちのいいくらいたくさん食べる。あれこれ由里が食べたいものを注文したのに、この日は果実酒を二杯飲んだだけで、由里はその場の椅子に横になってしまった。四十歳を過ぎた女が、無防備に体を投げ出している。周りでは会社帰りの身ぎれいな女性たちが静かに食事をしていた。私たちは姿から会話に至るまで、その場に似つかわしくない存在だった。

「夫から顔に熱いお湯をかけられた」

寝そべりながら、由里はこれまでの時間を語り始めた。

三人の子を連れて、一回り近く年下の同僚の男性と再婚した。赤ちゃんがお腹にいたから、慌てて実家の敷地に家を建てた。子どもたちは、最初は心理的な距離もあって、実家で暮らし、徐々に家に来る時間を増やしていった。特に中学生だった長男は、なかなか祖父母宅から出ようとしない。

そんな時に、「ゲームをするからうちにおいで」と夫は長男に毎晩声をかけてくれて、少しずつ打ち解けていき、みなで暮らせるようになった。上の三人の子どもたちは夫を「お父さん」ではなく、「お兄さん」と呼んでいた。

だが、幸せな時間は長くは続かなかった。何がきっかけだったかは幾度も考えてみたが、わからない。夫が話していることに、由里がほんの少しでも「こうじゃないかな」と反論すると、暴力をふるわれるようになった。理由を告げずに夫が遅く帰ってきた際に、「どこか行っていたの?」と尋ねた時もそうだった。

壁には穴が三つあいた。そしてさらにつらいのは言葉の暴力だった。

「死ね」

「気持ち悪い」

「顔を見ると殺したくなる」

これらの言葉が「基本三点セット」だと由里は自嘲する。幾度も繰り返し言われ続けてきた。

「他の男と寝てもいいから、頼むから俺にはさわるな」

ラブホテルのものらしいライターが部屋に無造作に置いてあったこともあったが、何も聞けない。

由里が友人に相談すると、

「私なんか夫が歓楽街に行く送り迎えを車でしているんだよ」

と返信があったという。

なぜそんなことまでするのだろう。どうして逃げられないのか。その友人は私の幼馴染でもあった。彼女たちは仕事をもっており、経済力はある。何が彼女たちを縛るのか。

由里はまた眠りに入ったようだった。私も記憶の海に沈んでいく。

「銀河ステーション、銀河ステーション」

どこからか声がしたように思えた。私たちは惨めな中年女性ではなく、学園祭に向けて宮沢賢治の「銀河鉄道の夜」の劇を練習していた。

由里はジョバンニ役だった。

「僕もうあんな大きな暗《やみ》の中だってこわくない。きっとみんなのほんとうのさいわいをさがしに行く。どこまでもどこまでも僕たち一緒に進んで行こう」

「ああきっと行くよ。ああ、あすこの野原はなんてきれいだろう。みんな集ってるねえ。あすこがほんとうの天上なんだ。あっあすこにいるのぼくのお母さんだよ」

カンパネルラの言葉を聞いても、ジョバンニにはぼんやり白くけむっているばかりで、何も見えない。ジョバンニの抱える孤独は深い。

由里は自分にも問題があると言っていた。

「お前だけが正義じゃないんだぞ」

夫はたびたびそう詰《なじ》ったが、それも尤もだと語る。幼い頃から大人の顔色を見て、優等生としてふるまってきた。弱きをたすけ、曲がったこともせずに生きてきた。だから、自分が失敗したり間違っているというイメージを持っていなかったというのだ。

「自分が正しいなんて傲慢だったのかもしれない」

由里の言葉が胸に蘇る。私も由里の景色を一緒に覗こうとするが、白くけむっていてまだぼんやりとしか見えない。


由里がパートナーから精神的に追い詰められるのは、これが初めてではなかった。

学生時代の恋人からは「お前と一緒に歩くと恥ずかしいから、みんなの前では彼女ではなく友達だと言え」と告げられたこともあったし、恋人に金銭を貢ぐこともあった。

「どうしてそんな人とつきあったんだろうね」

無意味な質問にも思えたが、由里に対する扱いがひどい男性が多いことにいらだちを覚えた。

「いつもそう。どうしてと言われる相手とつきあってしまう。自分だけが相手をわかってあげられるというのが気持ちいいのかな。結局は自己満足なのかもしれない」

私は残された大量の韓国料理を食べることに集中した。どこにも向けられない怒りを持て余していた。店員は迷惑そうな顔をしていたが、一時だけでも安らかに眠っている顔を見ていると、由里を起こすことはできなかった。

当時の私は子どもを寝かしつけると、いつも「自分はだめな母親だ」という気持ちに押し潰されそうになり、子どもに謝りたくなった。なのに、子が起きている間には、反省も忘れて何もできないでいる。仕事と日々の生活で余裕がなかった。

由里もまた「自分はだめな母親だ」と繰り返し言っていた。明るくおおらかな由里は、私なんかよりよっぽど良い母親だ。だが、彼女は自身の母と比べているようだった。

「うちのかあさんは、母として完璧だから」

由里の夫は、暴力をふるった後に、由里の実家に駆け込んで由里への文句を訴えることもあった。母は、そんな時に「至らない娘でごめんなさい」と繰り返したという。娘に対する仕打ちに怒りがないわけではない。だが、どんなに怒ろうとも、娘の夫もまた自分の子どもだと思い、一生味方になろうと誓ったそうだ。

「どうしてお母さんは完璧だと思うの？」

私は由里に尋ねたことがある。

「いつも自分のことよりも、子どものことを一番にするから」

「美人三姉妹」の長女の由里はＤＶに遭い、次女の夫は犯罪を犯した。すぐに離婚したが、次女の元夫の裁判の傍聴に、母は一度も欠かさずに通ったという。その犯罪は目を背けたいほどの醜い内容だったが、どんなひどい人間だったかを親の責任として自分の目で見届けたかったからだという。

母は、一番下の脳性麻痺の子である優愛にも全力を注いできた。当時その地域では、特別支援学校の高等部を卒業した後に重度障害者が集える場所がなかったという。由里の母は自ら運動を起こし、親たちで多額の資金を出し合って、優愛たちが通える施設を作った。

「かあさんの何がすごいかと言うと、自分たちが作った施設で、お金も相当つぎ込んだのに、優愛に合わないと思うとスカッとやめたこと」だと由里は言う。

優愛は四十歳を超えると、家族の元から離れ、入所施設で暮らし始めた。それまではデイサービスと訪問介護を利用してきたが、父が他界し、母が体調を崩したからだった。

母はそれでもなお一緒に暮らすことを望んでいた。だが、由里たち娘が「かあさんだけではもう無理だ」と説得した。

優愛は「あー」とか「うー」と言うだけで、言葉は話せない。どれだけ話がわかっているかも不明だ。それでも母は一時間以上をかけて、どうして施設に入ることになったのか、離れても自分たちの絆は切れないことをゆっくりと言い聞かせたという。優愛は理解しているのか、泣いていた。

施設に入ってから、優愛は表情がなくなり、食事もあまり食べられなくなった。施設からは帰宅を諦めさせないといけないということで、母との面会は一ヶ月間は禁じられていた。

そして一ヶ月後、ようやく母が会いに行ったら、優愛はわああっと大声で泣いたという。

由里は母からいつも言われる言葉がある。

「優愛ちゃんが世の中にお世話になっているから、その思いを返さなければいけない」

「子どもにもっときちんとしてあげないといけない」

母は家事を完璧にこなし、調理師の資格もとって、いつも食卓にはおかずが何品も並んだ。

優愛の朝晩の胃ろうや便を出す作業、送迎などを行いながら、がんの夫の介護も行い、さらにガーデニングや絵画などの自分の趣味にも勤しんできた。

「母に劣等感を持っていた」と由里は言う。仕事の責任は重くなっていき、さらに休みの日には障害者のグループのバンド活動に由里がボランティアでつきあっていた。自分の子どもを差し置いて、やらなくていい仕事まで引き受けることを、母や夫からはよく思われていないのはわかっている。

「誰かがやってくれればいいけれど、誰もやらないから、自分がやるしかない」

それもまた自己満足だろうと由里は分析する。誰かを助けてあげる自分が好きだと思いたいだけかもしれないと。人のために尽くすことは、他の誰かにとって別の意味にもなる。

「銀河鉄道の夜」では、イタチから食べられそうになって追いつめられた蠍は、とっさに井戸に身を投げた。蠍はこれまで自分が殺してきた虫に思いを馳せ、どうしてイタチに自分の体をくれてやらなかったのだろうと後悔する。

「どうか神さま。私の心をごらん下さい。こんなにむなしく命をすてずどうかこの次にはまことのみんなの幸のために私のからだをおつかい下さい」

ほんとうの「さいわい」はどこにあるのだろうか。


それから三年ほど経った後に、久しぶりに由里と話すと意外な言葉が出てきた。

「夫に出て行ってと言ったんだ」

理不尽なことを言われても、怖くて何も言い返せなかった女性と、同一人物であるとは思えないほどにさっぱりとしている。

先日長男が本当の気持ちを語ってくれたのだという。

「再婚は本当は嫌だった。お母さんが女みたいに思えて」

思えば、自分は女として生きてきたようだと由里は振り返る。最初の離婚も、夫が自分を女性として相手にしてくれないことに腹をたて、寂しさのあまりに責め続けてしまったことが原因だった。もちろん、女として生きることは今でも悪いことだとは思わない。だが、大人として一個人として相手に対するのではなく、どこか男性へ精神的に依存していたところがあったように思えるというのだ。一体感がほしくて、相手の価値観の中にあえて取り込まれていた。

母に対してもそうかもしれない。母の期待に沿って優等生として生き、仕事も選んだ。それは周りの人に尽くすような行為に思えるけれど、実は思考停止することで、自分が楽になりたかったのかもしれないと思い至った。

長男は由里の目を見た。

「お兄さんばかり悪いわけじゃないよ。お母さんにも問題があったんだと僕は思う」

小さい頃からいつだって自分の味方をしてくれる長男が、真剣に意見してくれる。その姿に由里は自分の心を覗き込む勇気をもらったように思えた。そして何があっても子どもたちを守らなければいけないと気づき、憑き物が落ちたような気分になったという。

それからは夫がひどい言葉や理不尽な態度をとった時には、

「そんなに嫌ならいつでも出て行ってください」

と、毅然とした態度で対峙するようになった。

子どもたちは夫のことを父親として大切に思っているから、今でも離婚は積極的には考えていない。だが、いつ夫が出て行っても子どもたちがいつも通り生活できるようにと、電気やガスなど公共料金の契約もすべて自分の名義に変えている。

由里は自分と母を比べて劣等感を抱いてきたが、今になって思えば自分は一人でも子ども四人を経済的に支えられるということが自信につながったという。専業主婦だった実母にはない強みを持っていると思えるようになってきた。

「私がいればみんな大丈夫だから」

子どもたちにはそう言って安心させている。学生時代の花火のような笑顔が戻ってきた。

ハラスメントやDVは自尊心を壊し、人を死に追いやることもある。夫から壁という壁に餃子のたねを投げられ、朝まで這いつくばって片づけた時はほんとうに死にたかったと由里は言う。親しい人がハラスメントに悩み、自死を選んだこともあった。

だが、由里は生き延びることに成功した。

今は、子どもたちが自分を頼ってくれ、笑いかけてくれる日常に幸せを感じている。

例えばこんなことがあった、と由里が大切そうに話すエピソードはとても些細な、けれども愛しい瞬間だ。

末っ子の望が小学校でトマトの苗を移し替えるのに失敗して、代わりに先生の苗をもらってきたことがあった。子ども心に失敗したことがとても悲しくて、恥ずかしくてそのことを誰にも言えなかったという。望は遅くまで起きて由里の帰りを待っていたが、そんな日に限って残業があり、由里は話を聞くことができなかった。翌朝に何だったのと尋ねると、望は号泣した。自分の苗が良かったのに悔しかったと、先生に電話で伝えて欲しいと泣きじゃくった。

「恥ずかしさや悔しさがある時に、私を頼って泣いて話してくれた。この子たちのために、私はまだ生きていかなければいけないと思う」

子のために生きる。それは美しい言葉のように思えて、母をがんじがらめにする呪いにもなり得る。しかしそれでも、家庭内に暴力が入り込むような時、子どもの抱える傷は大人よりも大きいと由里は考えている。もう二度と子どもたちを傷つけてはいけない、守らなければいけないと決意している。

いや、守ってもらっているのは母親の方かもしれない。思えば夫に暴力をふるわれた時も、布団ですすり泣く由里を望がぎゅっと抱きしめてくれた。年を重ねるごとに、もともとできていたこともできなくなっていく。仕事もうまくいかなくなり、容貌も衰え、自分に対する自信も持てなくなってくる。そんな自分でもありのままに受けいれてくれる、子どもの存在に救われているのではないか。私はそうだ。母としてあまりに未熟な自分に、子どもは「将来はお母さんみたいになりたいな」と手紙を書いてくれた。自分のような人間にだけはならないで欲しいと切に願いながらも、未熟な母であってもこの子と共に成長していこうと思える言葉だった。

由里は言う。よく考えてみれば、夫は自分の連れ子を含めて子どものことはいつも必ず大切にしてくれた。家族を一番に考え、自分の母にも毎年母の日のプレゼントを贈ってくれる。今後、自分たちの結婚がどうなっていくかはわからない。子のためにしばらく一緒にいようとも、あるいは別々の人生を歩もうとも、人が人と出会って一緒にいる時間は銀河の流れからすればほんの一瞬だ。だからこそ、すべてを否定したくはない。今までのように目をそむけるのではなく、現実を直視してもなお、この時間は悲しいことやつらいことばかりではなかったのかもしれないと思うようになっていた。

「女としてはもういいかな」

「由里がそんなこと言うなんて信じられない」

私が驚いていると、由里は答えた。

「これからはどうなるかわからないけれど、でも今はそれが心地いい」

それは女を捨てたのではなく、あるいは自己犠牲ではなく、精神的な意味で自分の足で地に立つということなのかもしれない。

靄《もや》は少し晴れてきたように思えたが、それでもまだ迷いと孤独は減じない。この靄は一生抱きしめ続け、問い続けるものなのだろう。

「ほんとうのさいわい」を語る言葉を私たちはまだ知らない。

人生に居座る

古い音楽は過去の感情をそのまま保存する冷凍庫のようなものだけれど、旅で出会った友はその地点で留まらず、日常に戻っても一緒に旅を続けているような思いがする。

その日、私たちはCAの制服を着ていた。そして、三人が集まってそれぞれ「J」と「A」と「L」のポーズをして無邪気に写真を撮った。

雪は「L」だった。よろけそうになりながらも、満面の笑顔で長い足を横に突き出している。

私たちは航空会社が主催するCA体験ツアーに参加していた。制服を身にまとって訓練施設で実際の訓練を体験し、飛行機に乗ってニセコのホテルでマナー講座を受けた。そのツアーに来ている人の多くは、一人での参加だった。中でも雪は色が白くて、長身で目を引いた。人見知りの自分がどうやって仲良くなったかは覚えていない。帰りに小樽の街を散策した時には、すっかり打ち解けていた。

雪は東京から離れた地方に住んでいたため、私たちが会った回数は、出会ってから二十年間で十回もないかもしれない。

それでも私にとっては何でも話せる相手であった。身近な相手には構えてしまう悩みについても雪にはメールや電話で相談した。

二十代の私の主な悩みは仕事であり、雪にとっては結婚だった。雪は現実的な考えをして、恋愛するよりも結婚相手を探そうとしていた。彼女は婚活パーティーに参加するために泊りがけで幾度か東京にやって来ていた。私も誘ってもらったが、どうも行く気がしなかった。ある時、彼女が婚活パーティーを終えた後に、一緒に横浜の観覧車の見えるホテルに泊まったことがあった。

「二十代のうちに結婚したいな」

雪はつぶやいた。

「どうして」と問う私に雪は迷いなく答えた。

「子どもを産むなら若いほうがいいから」

窓からのぞく観覧車は近すぎて一部分しか見えず、色とりどりの電飾が目を突き刺すようだった。遠くに離れないとその全容は見えない。

その時期、私は子どもなんて生みたくなかったし、結婚も考えられなかった。まず自分が何者かにならなければならないという焦燥感があった。大学を卒業後、何のあてもなく、知り合いもほとんどないまま、神戸から東京に出てきた。手始めに「フリーライター」という名刺を作ったら、「無料のライターみたいだね」と編集者から言葉を投げかけられたこともあった。仕事だけがこの世の中での居場所のように思えた。だから花の失することも知らずに、今を生きていた。

しかし、雪は花の時期をよく知っていたのだと思う。

上野駅からしばらく歩いたところにラブホテルのネオンが光っている。雪はここで子どもを作ろうと決意している。

ホテル街が近づくと、露出度の高い外国人女性が通行人に声をかけたり、目で追いかけたりして客を探す姿が目に飛び込んできた。地方から出てきた雪には、この街は本能を剝き出しにして、人の欲をあぶり出すように見えた。

目的は受精、無事にそれが終わることだけを願っていた。


婚活サイトで知り合った人と会っていると雪から相談された時に、「もっと相手のことを知ってから結婚した方がいいよ」と私は言った。振り返って考えてみれば、間が抜けた助言だと恥ずかしく思う。相手をよく知ることなんて、そもそもできるのだろうか。結婚して何年も経ってから相手の本当の顔を知ることも少なくない。

雪は相手を条件で選んだ。彼女は「学歴、年収、身長、喫煙しない」という条件を重視し、相手の男性は「大卒、二十代、喫煙しない」ということだけは譲れなかった。互いに愛情はなく、条件通りの相手を見つけたと思い、雪は二十八歳で結婚した。人から見たらそんな条件で選ぶなんて馬鹿げている、と呆れられるだろうことも雪は理解している。けれども、小さい頃から雪の母はいつも言っていた。

「自分の居場所を作りなさい。そして、人生に居座りなさい」

結婚すれば居場所ができるはずだと信じていた。

だが、結婚後何年経っても雪は子どもを授からなかった。夫は家業のある人のため、跡取りとして早く子を作るようにと姑から幾度も催促されていた。

「あんたの体がどこかおかしいんじゃないの？」

姑は雪にそんな言葉を直接投げかけてきたが、雪はばかげていると思った。そもそも子どもを作るためにセックスが必要なことは小学生でも知っている。そういう行為は新婚当初からまったくないのに、どうやって子どもができるんだろう。夫は誰に対しても性欲がなく、生身の女性との密着に抵抗があると話していた。

それでも、子作りのためにと試そうとしたことはあったが、「ごめんなさい、やっぱり無理です」と行為の最中に夫は言った。姑の催促もあって、成り立たない形だけの子作りを渋々排卵日にしてみても、当然のことながら子どもは授からない。

これが愛情をもった結婚だったらどんなに傷ついただろう。だが、雪は「この結婚は最初から互いに条件だけのビジネス婚」と割り切っていたので、むしろ楽で良かったと安堵していた。

姑が「検査しろ」とうるさかったので、雪は不妊治療のクリニックを受診した。様々な検査の結果、雪の体には問題がなく、夫には精子がないことが判明した。

「そうですか」と下を向く夫に医師は言った。

「精子が作られていても出ていないだけの人もいるから、大学病院で精巣を切って元気な精子を取り出すことができる可能性もあります」

すぐに紹介状を書いてもらい、夫は入院した。その検査の結果、精子は細胞レベルでもまったくないことが判明した。

医師はこのように説明した。

「子どもをもつ方法は二つです。一つは養子、もう一つは母親の遺伝子だけを受け継いだお子さんを望むならＡＩＤという方法があります」

ＡＩＤとは非配偶者間人工授精といって、匿名の第三者から精子提供を受けて人工授精する方法である。

自宅に帰ると、夫は泣き崩れて、「僕の子どもを産んで下さい」と土下座して雪に頼んだ。

雪は「人生を見届けるんだ」と自分に言い聞かせ、承諾した。子どもを産めば自分の居場所が作れるかもしれないと思った。

結婚当初から夫は気に入らないことがあると幼児のように癇癪を起こし、暴言を繰り返した。そんな夫の素行を知って、雪の母は「あんな男とは別れなさい」と幾度も勧めた。不妊治療をした時も、「あんな男の子は産む必要ない」と諫めた。暴力で痣を作ったこともあった。離婚を考えてもおかしくないだろう。だが雪は、特別秀でたものがない自分はひとりで自立できるのかと自問自答した。

離婚した後、自分はどこへ行けばいいんだろう。

雪には、この世界に行くべきところなんてどこにもないように思えた。この先、自分の居場所をどうやって作ればいいのかわからなかった。

その話を聞いた時に私は不思議に思ったものだ。雪は専門職の資格を持っており、いつでも安定した仕事に復帰できる術を持っていた。そしてまだ若かった。いくらでも人生をやり直せるのではないか。けれども、雪は自分の価値を見積もって、この結婚にしがみついた方が得だと計算した。

ＡＩＤを受けることを決意したと話すと、医師は言った。

「ＡＩＤのために、東京の病院に行ってもらうことになります」

人生に居座ろうと考えた末、雪がたどり着いたのは上野の場末のラブホテルだった。

「赤ちゃんのもとをわけてくれませんか？　決して家庭に迷惑をかけることはしないし、何があっても子どものお金の請求もしません」

数日前に、東京で暮らす昔の恋人に雪はメールをしていた。彼はかつて、雪の暮らす地方に単身赴任していた既婚者だった。別れた後も年に四回ほど、挨拶程度の近況メールを送っていた。

雪は居場所を作るために子を産むことを決意したが、精子提供者がどんな人かは血液型以外は一切わからない、顔も体型も性格も何ひとつ知ることのできない相手の子をわが子として産む恐怖は大きかった。

元彼にとっても重たい依頼ではないか、躊躇するだろうと思っていたのに、彼からはあっさりとした返事が届いた。

「いいですよ。ＯＫ！」

会うのはＡＩＤの前日にした。治療よりも先に精子を入れておけば、そちらが受精するのではないかと考えたからだ。元彼とは上野駅で待ち合わせた。

「久しぶりだね。じゃあ行こうか」

雪の宿泊したホテルではなく、彼はラブホテルへ向かった。シングルベッドでは狭いからという理由だった。滞在したのは二時間ほどだ。元彼は単にセックスがしたかっただけではないかと雪は感じた。彼とは特別な会話もなく、「いっぱい出るかな」という卑猥な言葉を聞く程度だった。命を授かる行為ではなく、彼にとっては快楽を得る手段だったのだろう。自分の目的とは正反対だと雪は思った。

ホテルから出ると、二十三時を越えていた。上野まで歩こうかと思った時に、雪は路上で急に激しい腹痛に襲われうずくまった。痛みに悶えながらも救急車を呼ぶこともできない。背中をさする彼の手を忌々しく感じながらも、赤ちゃんのもとはどうなってしまうのだろうかと考えていた。

翌朝、雪はＡＩＤを受けた。

「今の法律では提供者の素性をお知らせすることはできません」という旨の文書にサインをし、口頭でも何度も確認された。

「のちのち法律が変わればお知らせできることもあるかもしれませんが……」

看護師はつけ足した。

そのまま雪は安静のために東京に泊まり、今後どうなっていくのかをひとりで考えた。

子を授かったとわかった時は、ようやくこの苦難から脱することができるのかと雪は嬉しくなった。

「一度でできるなんて優秀だ」

夫は雪に手を合わせて拝んだ。元彼にメールすると「良かったね」とあっさりとした返事が一言あっただけだった。

出産は思いのほか安産だったが、赤ちゃんを取り上げられた時に泣き声がなかった。ドラマで見るような、「おめでとうございます」も「元気な赤ちゃんですね」の声もない。

スタッフは何も言わずに、遠くの部屋に赤ちゃんを連れて行った。それから少しして、ようやく産声が聞こえてきた。

初めて見るわが子は、疲れ果てた顔をしていた。もう誰の子だとか関係なく、元気なだけでありがたい。それ以上何も望まないと思った。

人はどうしてその時の純粋な気持ちを持ち続けられないのだろうと、雪は自分に呆れる。

元彼とはそれから一度も会っていない。だが、お互いの子どもの写真を付けた年賀状を毎年交換し、互いの子の顔が似ているかを確認していた。

「あんまり似ていないなあ」

雪は息子の顔を見る。似ているところといったら、彫りが深くて二重の目なところだけだ。

あれはいつだったのだろう。雪と私は大声をあげ、皿を壁に投げて壊した。いくつもいくつも割った。

子を産んでも、雪の夫は変わらなかった。少しでも連絡が遅くなると、「俺と対等と思うな、着飾っているクズのくせに」と詰《なじ》られる。亡くなった夫の母を祀った仏壇に埃がかかっていると激怒され、仏壇に供えた水を洋服にかけられたこともあった。

「今となっては、あえて夫の子どもを産まなくてよかったと思っている」

雪はそう言って、大きな皿を床に叩きつけた。自宅で皿を割る勇気のない私たちは、好きなだけ皿を割れるという店にやってきていた。

雪は世阿弥『風姿花伝』の言葉を思い出していた。

「秘すれば花なり、秘せずは花なるべからず」

ＡＩＤの子どもの「出自を知る権利」が社会問題として取りあげられるようになると、雪のところに元彼からの年賀状は届かなくなったという。雪の子どもに対して何らかの責任が生じることを恐れ、距離を置こうとしているようだった。

出自を隠していることに罪悪感は残ると雪は言う。普通のＡＩＤよりも問題は複雑だった。もしも万が一、知る権利で情報公開してもらっても、精子提供者が生物学上の父親である保証はない。

生意気な口を息子がきくと、「誰に似たのかね」と夫は呆れながら言う。それに対して息子が「お前以外に誰もいないだろう」と無邪気に答えているのを聞くと、雪は複雑な思いを抱く。

血液型だけ合っていれば出自が隠せるような時代は終わったのだろう。今後、遺伝子検査技術はさらに進んでいく。がんであれ、難病であれ、遺伝子検査による治療を行う時代になろうとしている。そんなことを考えると雪は怖くなる。うまく立ち回るしかない。本当のことを話してもきっと理解してもらえないし、余計な負担を息子にかけるだけのように感じるのだ。

この子の心を汚したくない、毎晩寝顔を見るたびに雪はそう思う。猥雑で薄汚れた記憶の存在にもかかわらず、そしてやり切れない葛藤を吹き飛ばすほどに、息子は純粋でまっさらに育っていっている。

夫は息子を溺愛していた。人生の夢は息子の父のまま死ぬことだと言っている。

「もしあの子がDNA検査などしたら怖いから、俺は早めに死にたい。髪の毛一本たりとも残さずに死ななくては……。あの子のパパとして生涯を終えたい」

雪は自分は絶対にそんなふうに思わないと夫の意見を聞き流す。息子の母であるという血のつながりは絶対だけれど、でもどんなことがあったってこの人生に「居座る」のだ。新婚の頃から続く愛情のない夫婦生活は、息もできないと思えるほど苦しい日々だった。それでも時間が経ってみれば、みんな同じところに立っている気がする。

雪の母は娘の生き方を嫌っていた。男性に依存して生きていかずにすむように、自立させるために、資格を取らせた。母もそのように人生を切り開いてきた。夫の稼ぎは一切あてにせず、自分一人でも子を養えるくらいの収入を維持し続けてきた。

「稼いでいる人はDVをしたり、いばったりすることもあるでしょう。稼ぎはそこそこでも、お互いに働いて助け合って、心を持った人と一緒にいることが一番幸せなんだよ」

母はいつもそう諭す。

どうしてこんなふうになったのかは雪にもわからない。

皿をいくらでも割れた。この皿の残骸はどこへ行くのだろう。

夫から人間扱いされずに死にたくなることも雪にはあった。つらい時は広い平原を見渡せる高台にひとりで向かった。三百六十度見渡す限り遮るものはない。世界は舞台のように思えた。人間なんてこの自然の中ではとても小さい。許すのではなく、そして受け入れるのでもなく、結局は家族も子どもも他人なのだ。風に揺れる草や木々を見ていたら、今自分は与えられた役柄を演じているだけのような気がしてきた。

そうであるならば、この舞台で舞ってみよう。花がなくなった後でも構わない。人から笑われようと舞い続けてみよう。

私が生きることに苦しんでいる時に、雪は一度だけその平原に連れて行ってくれたことがある。普段はコンクリートに囲まれて私は暮らしているけれど、どこまでも広がるあの景色は心に生き続けている。かなたを指差し、ここは私たちの舞台だと雪は言った。

雪の母が言った、「居座れ」という意味がわかったように思えた。

雪には老後に決めていることがある。

子どもが大きくなったら、一人で東南アジアに移住したいと考えている。息子に面倒を見てもらおうなんて思わない。できるだけ自由に生きていきたい。リゾート地や贅沢な場所でなくていい。普通の人が生きている町中で、調和なんか考えない原色の景色に囲まれて、その日のことだけを考えて暮らしたい。お腹がすいたら屋台でご飯を食べればいい。ナイフやフォークなんかいらない。朝日と共に目を覚まし、自然の音を聞いて、日没を見届ける。

結婚、出産、仕事と「人生の選択」が一般と比べて不自然なことが多かったように雪は思う。常に計算して生きてきた。だからこそ、時の流れに身を任せる生き方をしてみたい。時間に、自然に、地球に身を任せて、打算も、目標も、夢や責任からも逃れて、自分の心に耳をすませて生きる時間を過ごしてみたいと願っている。誰の顔色も窺わず、気ままに。

私も以前はどこへ行こうとも、どこに逃げようとも自分自身からは逃げられないと思っていた。けれども、今は自分自身からも自由になれる時がいつかあるのではないかと信じられるようになってきた。

色々寄り道してきた人生だから、きっとこれからもその楽園にたどりつくまでには大きな山があるだろう。この旅はどこまで続くのだろうか。

もしもどこかへたどり着くことができたとしても、きっとこの世界には安住の場所など、どこにもないだろうということもわかっている。

けれども、世阿弥も言っている。

「住する所なきを、まず花と知るべし」

だから私たちは一生ずっと花ざかりなんだと思う。

子を産む理由

私が子どもを産みたいと強く思ったのは二〇一一年三月十一日のことだったが、美沙が子は産まない方がいいと考えたきっかけも同じ日にあった。

私は東京の湾岸にあるタワーマンションの高層階に暮らしていたから、壁一面にあった天井までの四本の本棚がすべて倒れて、部屋中が本で埋めつくされた。津波の可能性も否定できないため避難するようにという区の放送があり、近くの小学校に素足のままサンダルを引っ掛けて駆け込んだ。

避難所で知り合った女性は、私と同じマンションに夫と二人で暮らしていると話していた。

「びっくりして着の身着のまま逃げてきちゃって」

底冷えする体育館に素足で、ニットではあるけれど半袖のワンピースを着ていた自分が恥ずかしくなり、そう取り繕う私に、彼女はこう言った。

「全然おかしくない。大丈夫、どこに出しても恥ずかしくない」

そして毛布と自分の携帯電話の番号を書いた紙を手渡してくれた。その時、私は三十六歳だったのに、少女のように同年代の見ず知らずの女性に励まされていた。

程なくして津波の心配はないと聞き、部屋に戻った。本に埋もれた寒々とした部屋で呆然としていながらひとり、福島第一原発が火を噴く映像を見ているうちに、わが子に会ってみたいと強烈に感じた。理由など考えられなかったし、考えもしなかった。

美沙とは東日本大震災の取材で出会った。震災の時、美沙は大学を卒業して神奈川に暮らしていたが、実家は岩手県にあった。自宅に被害はなかったものの、姉がたまたま仕事のため沿岸部に車で行っていたことが判明した。二人姉妹で仲が良かった姉の安否が心配で、幾度も姉の携帯電話に電話をかけたがつながらない。姉のいる町が水に埋まる映像を目にして、恐ろしくて夜も眠れなかった。

もう姉は助からないのかもしれないと思った数日後に、姉は無事に帰ってきた。津波にのみ込まれかけた姉は、憔悴して母に聞いた。

「お母さんは、私を探しに来ようとしてくれた?」

母は悪びれることなく答えた。

「探しになんて絶対に行けない。だってお母さんは足が痛いし」

たしかに、母は股関節の病気が悪化していて、歩くのに少し不自由があった。「しょうがないじゃない。足が痛いんだから」。母は正直に言っただけなのだろう。でも、姉と美沙は母に嘘を吐いてほしかった。それが優しさだと思った。

「私も、足が痛くてわが子を助けに行けない親になるのか」

美沙が自分も母と同じようになるのではと思ったのには理由がある。美沙は出生時に、母と同じく股関節脱臼を患っていた。今は問題なく過ごせているが、先天性股関節脱臼の家族歴は三十七パーセントだという調査も聞いた。女性に発生率が高い疾患である。母は加齢とともに、股関節の疾患が悪化し手術したため、美沙は自分も将来は手術が必要なほど足が悪くなる可能性を覚悟していた。

そしてもうひとつ、家族が抱えていた遺伝が関わる疾患があった。その頃、美沙は健康診断で要再検査となった。医師は「念のため」と、精密検査をすることを勧めた。絶食した後にブドウ糖を溶かした水を飲んで、三十分後、一時間後、二時間後に採血して血糖を測る糖負荷試験を受けた。通常は下がっていく血糖値が、美沙は二時間経っても二百を超えたままだった。まだ二十代だったが、「とうとうこの時がやってきた」と思った。

美沙の母も二型糖尿病で投薬治療を受けている。母親の家系の多くがこの病気に罹患していた。遺伝性疾患のように明らかに遺伝するものではないとはいえ、両親がともに糖尿病である場合は、その子どもの約五十パーセントが糖尿病になるという。

「私、病気になっちゃった。お母さん、どうしよう」

ショックを受けた美沙は、母に電話をかけて助けを求めた。

だが、母は自分の遺伝だとは絶対に認めなかった。

「お父さんの遺伝のせいよ」

美沙が小学生の頃に離婚した父も、確かに血糖値は高めで、糖尿病の家族歴があった。ただし、糖尿病と確定診断されて治療を受けている母に対し、父は経過観察で済んでいた。原因が父だけのはずがない。

自分も糖尿病かもしれないとパニックになっている美沙に、母は「あなたが贅沢したから」「あなたはいつもゴロゴロしてばかりだったし、野菜も食べなかったから」と言った。「お父さんの家系のせいでいつか糖尿病になる」と、美沙は小さい頃から言われて育ってきた。だから極端に甘いものを暴食することもなかったし、体を動かすために運動部にも所属してきた。贅沢をした覚えもなかった。

けれども、母は「悪いことをした罰だ」という口調で美沙を責めた。「遺伝ってことは子どもにうつるんだろうか。病気だということはみんなに知られたくない」美沙は病気のことは友人にも言わずに、それまで以上に健康で元気なキャラクターを演じるようにした。演じることは幼い頃からずっとしてきたことだった。


特別になりたいなんて考えてこなかった。ずっと普通に憧れてきた。

物心ついた頃から家ではけんかが絶えなかった。両親、母方の祖父母と美沙と姉の六人家族の家では、父と母がけんかするだけではなく、母と祖母もいつも怒鳴りあっていた。

両親が離婚してからは、明るくて優等生の子どもであるかのように振る舞うようになった。最初は無理やりだった。しかし、そのうち演技は日常になり、いつしか演技をしていない素の自分を見せるなんて怖くてできなくなっていた。

美沙の学校では離婚した家庭は少なく、その子たちのことを美沙はスクールカーストにも入れない、アンタッチャブルな存在だと思っていた。

「うちは離婚していても、あの子たちとは違う。暗くなったら負けだ」と美沙は思った。学校では生徒会に入り、成績は優秀、運動や課外活動も積極的にこなした。

それでも二十年ほど前の中学生の時、成績は申し分ないのにもかかわらず、高校への学校推薦は「お前の家は離婚しているから難しいかもしれない」と担任から言われた。どれほど表面的に普通であるかのように振る舞っていても、普通になんてなれないんだと思い知らされた。

離婚が成立すると、母は職場の同僚と再婚して、美沙が十四歳の時に家を出た。母は再婚相手と近くのアパートに住み、美沙は祖父母と暮らした。母は教育熱心で、美沙の習い事の送り迎えはしてくれた。だが、夜は新しい夫が暮らす家に帰って、そちらで食事をして寝た。美沙が進路相談などしようと思っても、「パパが待っているから」とそわそわして、じっくり話を聞いてくれることはなかった。

それなのに、母はいつも「家族なんだから」という言葉を繰り返してきた。義父を父親として扱わないと、「家族なのに」と激怒した。娘に対してかける「私はあなたのことが大好きなの」という言葉も、美沙にとってはしらじらしく感じた。自分のことが本当は邪魔なくせに、「優等生」の倫理観に縛られているだけではないかと。

型にはまった倫理観に縛られているのは美沙も同じだった。

糖尿病が本格的に発症すれば、いつかインスリン注射を受けないといけなくなるかもしれない。取り返しがつかなくなる前に早く結婚を済ませなくてはと焦った。交際をしても結婚の芽がないとわかれば、次の相手に変えていく。婚活アプリに登録もした。普通を希求し、まだ自分が普通であるうちに結婚したいと思っていた。

美沙からその話を聞いた時、私は「普通なんて意味がない」と思った。だが、それは中年を過ぎた人間が自分の記憶に蓋をしているだけだった。忘れることは救いにもなるけれど、暴力にもなりうる。

どこからか、それは違うという声がする。その声の方に少しずつ歩いていくと、「普通でいたい」と願って震えている少女の姿が浮かんできた。

私は要領の悪い子どもだった。そして、今となってはなぜそんなことを気にしていたのかというくらい、周りとの小さな違いにいつも苦しんでいた。さらに、家族には自己免疫の病気があり、私もいつか発症するかもしれないと恐れていた。

自分は普通じゃないから、きっと結婚も出産もしないだろうと思っていた。子どもを生んだら、自分の嫌なところが遺伝するのではないかとも怯えた。

それなのに、子どもを産もうと自覚的に決意したのだ。

「どうして子どもを産んだんですか?」

美沙は私の目を見て、そう問いかける。どうしてなのだろう。覚えているのは、お腹の子が妊娠初期に流産しかかった時のことだ。鮮血が流れ出し、駆け込んだ病院で医師は様子を見ましょうと言った。だが、カルテには「切迫流産」とはっきり書かれていた。

私は、本当に自分が死んでもいいから、この赤ちゃんの命を守って欲しいと神にも仏にも祈った。宗教なんて信じていなかったのに、毎日祈った。子どもが生まれてみればそんな気持ちはすっかり忘れているけれど、その時は心からそう思ったのだ。その理由だってどうしてなのかはわからない。わかっているのは、少なくともそれは美しい母の愛などではなかったということだ。もっと原始的で野蛮な感情だったように思う。

私は海辺の水族館で見たツバメの姿を思い出していた。イルカショーが行われる古びた施設の天井の梁に作られた巣には、五羽のヒナが口を真っ直ぐに大きく開けていた。親ツバメは餌を与えるとすぐに飛び立って、また餌を持って帰ってくる。その繰り返しだった。その無邪気に開ける口の黄色さが、なぜだか恐ろしかった。

私はイルカを見ることなく、親ツバメを見続けていた。平等に餌をあげているのか、なぜ餌をこんなにせわしくなく与えているのか。ツバメはなぜ子を産むかなんて考えたことはないだろうか。

美沙は繰り返し「子どもがほしい」という気持ちがわからないと言った。一人ならまだ理解できるが、どうして命を危険に晒してまで二人目まで望むのか。美沙は母から「あなたを産む時は妊娠高血圧症で死にかけた。妊娠をきっかけに、自分の体調が悪化した」と言われ続けてきた。「産んでなんて頼んでない」と思いつつも、自分のせいで母を苦しめたのかと罪悪感も感じたのだという。

その話を聞いた十代の頃から、美沙は考え続けている。そんなリスクを冒してまで、この人はなんで二人目を、私を産んだんだろうと。

そして、その頃の美沙の恐怖は母が三人目の子を産むことだった。きっと母は具合が悪くなって、子どもをかわいがれないだろう。愛情が足りないと感じる子どもがどんなにつらいか、母はわかっていないといらだった。家のお金もなくなるし、自分にとっても良いことはない。そして、きっと「家族なんだから」と愛情を強要してくるに違いない。まだ見ぬきょうだいに怯えていた。結局、母が再婚した年齢が四十歳を過ぎていたため、恐れが実現されずにすんだ時には安堵したものだ。

同じように育ったはずなのに、姉は二人の女の子を生んだ。妊娠中から血糖値が上がり、出産後もその数値は下がらなかった。それにもかかわらず、姉は三人目の子どもがほしいという。親戚は、二人目の子を産んだ後、持病が悪化し若くして死んでしまった。美沙は自分の命をかけてまで子を生みたいという母親たちの欲求が恐ろしいことのように思えた。

美沙は子を産むことで死にたくなかった。人生で時おり消えたいと思ったことは何度もあったが、それは死にたくないから死にたいと願ったのだ。矛盾しているように思われるかもしれないが、家系内に多発する病気がある家に生まれたからこその恐怖だった。

「もう二十六歳なんだからちゃんと結婚を考えなさい」

母にそう言われた時に、美沙も焦っていた。結婚を「早く済ませる」ために婚活しても、恋人には親のような無償の愛を求めていたため、それが叶わずにけんかが絶えなかった。

そんな時に出会った夫となる人は、とても穏やかで、けんかをすることもなかった。美沙は自分の怒りっぽさはまったく変わっていないと思っている。夫とは最初に仕事で出会ったということもあるのか、互いを一個人として尊重しあえる関係だった。

だが、そんな幸せの最中である結婚式の二日前、美沙は実家で酒を飲みすぎて暴れた。きっかけは母の些細な言葉だった。

「お母さんは私のことをずっと放っておいたくせに、今さら何を言うのか。全部お前のせいだ」

母はその時も「家族なんだから」という言葉を繰り返してきた。美沙はこの期に及んでも、わかってもらえないのだと思った。

本当は母に自分の思いをわかってもらいたかったし、もっと構ってほしかった。美沙はわめきつづけ、倒れた時に肩を縫うほどの怪我をした。「お前のせいだ」という言葉が止まらなくなった。恋人よりも、娘である自分の声に耳を傾けてほしかった。「私の人生の邪魔をしないで」なんて言葉は絶対に言ってほしくなかった。自分たち姉妹に何かがあったら「這ってでも助けに行く」と嘘でもいいから言ってほしかった、

母にとって自分は娘ではない。完璧な分身だったのだと気がついた。だからこそ、美沙は自分だけの人生を生きたいと思った。自分の人生に満足していないままに子どもを産むと、母のようになるのだ。

美沙は想像する。生まれるのは女の子だ。股関節脱臼で誕生し、そのうち糖尿病になるだろう。いつか「お母さんのせいだ」と言われた時、私はどう答えるだろう。そして、もしもその子が十四歳になって、どこか遠い所で暮らしたいと言ったら、どう思うだろう。羨ましくて、私だって好きでこうしてきたのじゃない、とわが子を呪う自分の姿が見えた。

少女時代の美沙がまだ血を流していた。十四歳の自分がしんどいと泣いている。あの時に地元から、逃げられる場所があったらどこへでも行っただろう。でも、どこにも居場所はなかっ

た。逃げられる場所もこの世界のどこにもなかった。

結婚してからようやく「自分だけの人生」を取り戻せたような感覚がある。夫も体が弱いため、夫婦で話し合った結果、子どもはつくらないことにした。はじめは夫にも、病気や遺伝のことをほとんど伝えられていなかった。だが、今は話しても離れていかない、普通でなくても受け入れてもらえるという安心感がある。夫にはどんなことでも話せば理解してもらえるという信頼があった。

だからこそ、これ以上「血がつながっている」というだけで、家族を愛しているかどうか、あるいは家族に愛されているかどうかで悩んで疲弊することに耐えらないと思っていた。子どもを産めば病気が遺伝するかもしれないし、自分の糖尿病は間違いなく悪化するだろう。命にだって関わりかねないリスクもある。

それでも、結婚生活を続けていると、夫と合意があるにもかかわらず、ところどころで「子どもがいなくて本当によいのか？」と逡巡すると美沙は言う。

あれほどに散々嫌な苦しい思いをしてきたにもかかわらず、そして「いらない」理由も明確であるにもかかわらず、それでも「子どもはいらない」と言い切れないのはなぜなのだろうか。寿命が縮んでも、無理をしてでも、あるいは子どもにリスクを背負わせることになったとしても、「子どもを産む」という選択肢を消しきれないのはなぜなのか。自分は「子ども」に一体なにをみているのか。

美沙は母親からは股関節脱臼と糖尿病が遺伝したが、父からは非常に明るい髪色を受け継いだ。小さい頃から髪質でいじめられたし、「父に似ている」と言われるのも死にたいほど嫌だった。だから十代の頃からずっと髪の色を黒く染めてきた。

だが、今年になってからは、そのままにしている。これが自分なのだ。それと時を同じくして、母と連絡を取らなくなった。家族のグループＬＩＮＥも抜けた。母は美沙と連絡が取れなくなった理由を理解することができないだろう。自分の中で、もう母は死んだことにしている。それでようやく心が軽やかになったように思えた。それでも「母」という言葉を聞くと美沙の心はいまだに痛くなる。


美沙から「どうして子どもを産むのか」と繰り返し問われたことで、あの日に私がなぜ子どもを産みたいと思ったのか、その一端がわかったように感じる。

その時は本能だと思っていた。けれど考えてみると、それだけではない。いつも自分を恥じていた私は、いつか誰かに「大丈夫、あなたはどこに出しても恥ずかしくない」と言ってほしかったのだ。

それは母からの言葉ではなく、見ず知らずの一度会った限りの女性からだったけれど、私は許されたような思いがした。真冬に素足であったっておかしくない。これが私だ。

そう思えた時、今度は私がこういう言葉をかけてみたいと感じた。

「大丈夫、あなたはどこに出しても恥ずかしくない」

その言葉を美沙にも伝えてみたい。それは母から叶えられなかったものであったとしても、人はそうやって細い糸に縋るように何かを受け渡して生きていくのだろうと思うからだ。

風の中を走る

永遠の独身ではないかと思われた年上の友人が、目を瞠るほど可憐な女性と結婚し、二次会には多くの友人が祝福に駆けつけていた。

子どものことは家族に頼んでいたが、それでも早めに帰らなければならないだろう。けれども、晴れやかで幸せな空気にのまれ、ここにもうしばらくいたいという思いも抱いていた。家に帰れば溜まった家事に、断続的に続く子どもの世話が待っている。

三次会は地下のバーで行われるという。最初は二次会だけで帰ろうと思っていたけれど、勢いのまま私は地下に続く階段を降りていた。

何年かぶりに真奈に会ったのは、その席だった。

久々に対面した彼女は、記憶の中の姿とは印象が変わったように思えた。きっと真奈からすれば、私も別人だっただろう。独身の参加者が多い中、私たちは共に育児に疲弊した母親だった。

初めて知り合ったのは二十年ほど前、真奈は東大の大学院に通っていた。二つ目の修士号取得を目指しているという彼女は、長いストレートのつややかな髪が印象的な女性だった。大学院では環境問題を研究し、在学中に環境コンサルタントの会社を設立して、社長業も兼務していた。

「人間の手で自然が破壊されたのであれば、人間の手でそれを取り戻したい」

真奈は小学校の頃に、熱帯雨林が破壊され、動植物が生きられなくなっている姿を描いたドキュメンタリー映像を見たことから、この道を志したという。

官僚が主催する勉強会を通して共通の友人がたくさんいたが、それまで環境に関心を持っていなかった人たちまで、彼女の考えに賛同するようになっていった。真奈は、決して大上段に理念を振りかざすのではなく、いつも楽しそうに皆が共感できるような形で環境の話をする。私より一歳年下だったが、その情熱的な姿は眩しい存在に映った。

知人の男性の少なからずは、彼女に恋をしていた。だから、三十歳を過ぎた頃に、真奈が結婚を決めた時は、ショックを受けた男性たちもいた。真奈の結婚式で、新郎は共に参加する予定だった経営者向けの地方研修で真奈と一緒の新幹線に乗りたいがために、東京駅で何時間も彼女を待ち続けたというエピソードを披露した。

それから十年以上の時間が経ち、地下のバーでの真奈の様子はすっかり変わっていた。どんな時も笑顔の印象だったのに、その日は飲みすぎたのか、まるで泣いているかのような表情をしている。

何があったのだろうか。真奈の子どもが難病であることは、彼女のSNSを通して知っていた。バーは、徐々に人が増え、騒がしくなってきた。

「娘は小人症で、少しの距離でも送り迎えをしている。夫は体調を崩しているために育児を手伝ってもらうことができないので、一人ですべて回していかなければならない」

彼女はそう言うと、体の力を抜いた。

真奈は、三十三歳の時に長男を産んだ。長男は安産で生まれ、退院の翌日には仕事に復帰していた。母子ともに健康で、病気とは無縁だった。

その三年後に長女・美結を授かった。だが、今回は何か様子が違い、妊娠は切迫流産から始まった。そして東日本大震災発生からほどなくした頃、妊娠八ヶ月の妊婦検診で受けたエコーには、手足が明らかに短い胎児の姿が写っていた。

「骨の病気です。無事に生まれてくるかはわかりません。もし生まれてきたとしても、肺呼吸ができるかもわかりません。障害はあるでしょう」

突然の医師の言葉に、真奈は何を言えばいいかわからなかった。医師はこう続けた。

「出生後、延命はどうされますか？　お看取りという形もあります」

この子が出産後、生きられるかどうかは、生まれてみないとわからないという。夫とも話し合い、真奈は延命を希望した。

後から振り返ってみると、一番苦しかったのはこの二ヶ月間だったと、真奈は話す。

医師は、病名は生まれてみないとはっきりわからないけれど、もしもこの子が生きられるとしたら軟骨無形成症という病気である場合だと告げた。真奈にとって、初めて聞く病気だった。

軟骨無形成症は二万人に一人の稀な病気で、軟骨細胞の異常によって骨の形成が阻害され、大人になっても身長は一二〇センチから一三〇センチ程度にしか成長できない。手足が短くて、腰椎の彎曲からお尻が後ろに突き出したような体型になるのだという。また様々な合併症があるが、病気の根本的な治療法はなく、国の指定難病に認定されていると書かれていた。「軟骨無形成症は小人症の中でも突然変異による発症が多い」という情報に触れた時、真奈はどうして突然変異が起きたのだろうと自分を責めた。そして、なぜこの子なのか、どうして代わってあげられないのかと悔しくなった。

ただ、どれだけ不安に思っても、まずは生まれてこなければ治療もできないという。生まれてきても、根治治療はできない。そのことがもどかしく、気持ちの持って行き場がなかった。大きなお腹で出席している会議の途中でも不安に駆られてどうしようもないことがあり、けれども社長として社員の前では冷静でいなければならない。真奈はメモ帳に「大丈夫大丈夫大丈夫」と何度も書きなぐっていた。

あれだけ生まれてこられるか心配したが、無事に命は誕生した。赤ちゃんはすぐにＮＩＣＵ（新生児集中治療室）に連れて行かれた。真奈は母乳を搾り、ＮＩＣＵに届けた。最初は息を吸い込む力が弱くて大変だったが、生まれた子は生きられる疾患、つまり軟骨無形成症だった。

病院を退院してからしばらくは安定した穏やかな日々を過ごしていた。だが、美結は生後六ヶ月になると、突然呼吸が止まってしまい、チアノーゼが出る事態が繰り返されるようになった。救急車を待つよりも、タクシーのほうが早いと、真っ青な顔の乳児を抱えて、近くの病院の救命救急センターに駆け込む日々だった。

いつ呼吸が止まるかわからないと思うと、真奈は眠ることもできなくなった。うとうととしては、夜中に何度も娘の脈を取り、胸が上下して息をしているかを確かめる。熟睡できたことはなかった。一方で、長男出産後、外資系日本法人の子会社も設立していたため、仕事は山のようにあり産休も育休も取ることができない。日中は真奈の両親やベビーシッターに子守を頼んで、職場に通った。

呼吸が止まった理由は、ＭＲＩなどの精密検査の結果、首の付け根の骨が伸び過ぎて、呼吸の神経を圧迫していたことが原因だったことがわかった。そのため、わずか生後八ヶ月で、首の骨を削る大きな手術を受けることになった。

乳児にとっては、麻酔ひとつが命に関わるリスクになると説明を受けた。

「一歳以下の乳児に対して、こういった手術をするのは初めてです」

定年間際の、この手術の権威である医師はそう言った。難しい手術だったが、奇跡的に成功し、後遺症も残らなかった。

しかし安堵したのもつかの間、四歳まで夜泣きが続き、真奈が眠る時間がほとんどない日々は相変わらず続いた。

「ママ行かないで」

ひょうきんで明るい美結が、夜中になると急に泣き叫んで、しがみついてくる。幼いながらも、不安が積み重なっているのだろう。

とはいえ、仕事を休むわけにもいかない。さらに、共に育児をしていた夫がうつ病になり、仕事を辞めて、部屋に引きこもるようになった。仕事の不安に加え、真奈の度重なる海外出張による不在、祖父母やベビーシッターが自宅に入れ替わりやってきて気の安まる暇もない。環境の変化によるストレスが溜まっていたのかもしれない。これからは夫に育児を頼ることもできず、すべてを真奈自身が引き受けていかなければならなくなった。

「通院だけでも大変」

真奈はそう話す。美結は大学病院二ヶ所と心身障害児の療育センターで定期的な受診が必要だった。一つの病院でも、内分泌科、整形外科、耳鼻科、脳神経外科とまわり、検査も多くて一日がかりだ。通院と仕事の予定を組み合わせるだけで精一杯だった。

さらに、家のことも一人でこなさなければいけない。真奈の表情には、母として娘を守り、家族を支え、そして社員たちの生活もあるという重圧の影が見えた。グラスを一気に呷って、顔を赤らめている姿には、行き場のない疲労が滲んでいる。今日は子どもを預けて来られたなら、好きなだけ酔っ払ってほしいと思った。

「今度またゆっくり飲もうね」

私はこの日はなぜか、どれだけ飲んでも酔うことはなかった。

それから三年が経って、久々に真奈と会った。あのバーで見た姿は幻かと思うほど、元の溌剌とした明るさを取り戻していた。

彼女は二つの会社の社長を兼務していたが、一つを後進に譲って退任することで、以前より時間的な余裕を取り戻していた。海外出張も少なくなり、両親に泊りがけで来てもらう必要もなくなった。

「私はそれまで自然環境のことばかりに関心があったけれど、娘のお陰で人間や社会に興味を持つようになった。人がどうやって生きるかを考えるようになれた」と真奈は言う。

SNSは苦手だった。それでも美結の病気のことを時々書くことで、この病気のことをもっと多くの人に知ってほしいと考えた。また、同じ病気で悩む家族とも情報を共有したかった。病気は決して隠すようなことではないという信念があった。

美結は小学校四年生になっていた。今でも身長は一〇〇センチに至らない。同じ学年の友達は病気を理解してくれていたが、新入学の一年生には「なんで四年生なのに小さいの？」と聞かれたり、じろじろ見られることも少なくなかった。

幼い頃にはそれほど気にならなかった身長差や様々な違いが顕著になる時期なのかもしれない。また個人差はあるが、美結の場合は学校でもトイレの介助や着替えの手伝いなどのケアが必要なことには変わりがなかった。

「あの子は外では強がって泣き言を言わないから、家では甘えたいみたいで私にべったりくっついている。そして夜にコップの水が溢れるかのように泣き出すことがある」

真奈はそんな娘に対して、子どもというよりも、一人の人間として対峙するようにしている。

「じろじろ見られたら嫌だよね。今度、身長のこと聞かれたらどうすればいいかな。美結はどうしたいの？」

そんなふうに、母と娘はじっくり話し合うことにしているという。

一時期は、特別支援学校に転校するという選択肢も考えてはみた。それだったら、誰からも好奇の目で見られたりはしないだろう。だが、美結は転校したくないと言った。

「友達が助けてくれるから大丈夫。この学校に、今のまま通いたい」

そして、身長のことを聞かれたらこんなふうに答えるつもりだと、美結は自分で考えてこう言った。

「ただ小さいだけだよ。いろいろな人がいるから、特別視しないで、一人の人間として普通に接してほしい」

真奈は以前、北欧出張に娘を連れて行ったことがあった。北欧では身長が小さくても、子どもであっても、一個人として扱ってもらい、特別視されることはなかったという。車椅子であっても、動きやすい街だった。

真奈は言う。

「様々な場面で多くの人からの気遣いや支えがあるから、この子は生きてけるんだなと気づきました。病院でも医師や看護師、裏方で支えてくれてる人がいるからこそ、美結の命が今あるんだと思います」

そう考えると、何気ない日常が奇跡のように思えてきたという。

「エシカルな考え方、人や自然環境、社会、地域に配慮した考え方が今、重視されてきています。美結のお陰で、視野が広がり、日常が別の風景に見えるようになった。この子が生まれてきてくれなかったら、自然ばかりを見て、気づかなかったかもしれない。多様性を認めあえる、誰もが暮らしやすい社会にしたい」

自然と人は対立するものではなく、密接に関わっていて切り離せない。人間も自然の一部でしかない。

長男は中学生になって、真奈と同じ身長にまで成長した。それでも、美結は兄のことを呼び捨てにする。「小さいのに態度でかいな」と言うと、「上から目線じゃなくて、下から目線ですけど何か」と美結はふざけて、家族を笑わせる。

ある時、「小さくてかわいそうだね」と声をかけた人がいた。それに対して、長男は反論した。

「美結はかわいそうじゃない。そういう目で見ないでほしい」

本人はどう思っているのだろうか。美結に会ってみたいと真奈に言うと、快諾してくれた。初対面の彼女は、母である真奈と並ぶと、母娘でとても似ていることがわかる。

「ママは仕事に熱中すると、何でもはいはいって言うんだよ。悪いこと言っても、はいはいと答えるんだよ」

放課後は学童保育に通っているが、四年生はほとんどいない。トイレなど一人では難しいため、美結は留守番をすることは難しい。学童は退屈で寂しいと思うことも多いが、それでも働いてるママを尊敬していると話してくれた。

好きな食べ物は、ママの作ったビーフストロガノフ。いちばん楽しいのは、家の中で家族みんなでかくれんぼすることだと言う。

「洗濯かごとかトイレの部屋に隠れるんだ」

朝の登校は、毎日ママと一緒だ。以前は徒歩だったが、小学校二年生から美結は車椅子を使うようになり、障害者手帳を取得していた。軟骨無形成症に加えて、血管奇形という難病があることがわかったからだ。脊髄の血腫が神経を圧迫することで下半身の反応が鈍くなり、ちょっとしたことで転びやすくなっていた。

それまでは子どもの足でも十五分ほどの自宅から学校までの距離を、一時間以上かけてゆっくり歩いて通学していた。しかし、だんだんと痛みと転倒がひどくなり、車椅子を使うことを決意した。

できていたことが徐々にできなくなっていくことは、大人でもつらいことだ。けれども、美結は悲観せずに前向きに捉えている。

「お友達が車椅子を『いいなあ』とか『ずるいなあ』と言ってくれるの。学校でも背が低くて手が届かないところは、友達が手伝って取ってくれる」

美結は、特別扱いされることを嫌う。けれども、できないことを手伝ってもらうのは恥ずかしいことだとは思っていない。

そして、将来は薬の研究をすることが夢だと教えてくれた。

「いつも打っているホルモン注射を湿布に変える研究がしたい」

それと、「将来はママとずっと一緒にいること。だから結婚しない」と言う。

まだ彼女がお腹にいる頃、生まれた後に障害が重くても延命をするか医師から聞かれた時に真奈はこう答えていた。

「一日でもこの子といられるならお願いします。一日でも長く一緒にいたい」

その時はまだ見ぬ子どもだった美結は生まれてきて、母の目をじっと見つめてこう言った。

「ママとずっと暮らしたい」

「いやいや、孫を見せてよ」

真奈が笑って言うと、

「お兄ちゃんが見せてくれるよ。私はママと一緒」

と答える。

まだ九歳の子どもだ。照れもあるだろうし、ひょっとしたら病気に対する構えもどこかにあるかもしれない。そして、今の気持ちは成長と共に変わっていくであろう。

それでも、ママと一緒にいたいという思いは、真奈が一日でもこの子と共にいたいと願った気持ちに通じていた。


真奈の母は、酔っ払うといつもこう言っていた。

「パパがいないと生きていけない」

けんかばかりしているのに、夫婦はおもしろいと真奈は思う。

今では夫のうつ病は治り、仕事も順調のようだ。高待遇で、真奈より収入が多くなったが、よく夫はこう言っているという。

「真奈についていくから」

真奈は思う。時には誰かに甘えたい思いもあるけれど、私が皆を支えないといけない。そして、私も皆に支えられている。息子や娘に支えてもらって、夫や両親がいるから、生きていられるのだと。

助けるのは一方通行ではない。学校で友達に助けてもらう美結もまた、きっと誰かを助けているのだと私は思い至る。

美結に学校で楽しいことを聞くと、「体育！」という元気な答えが返ってきた。

「走ることが好き。遅いけれど、走っているのは風を感じて気持ちいいから」

これから彼女にどんな未来が待ち受けているだろうか。病気の合併症のこともあるだろうし、人からの視線が気になることも増えてくるだろう。美結が病気になったのは突然変異だが、彼女から生まれる子どもは二分の一の確率でこの病気を受け継ぐ。結婚や出産で悩むこともあるかもしれない。

「この子が大人になるにつれ、私には知り得ないハードルが立ちはだかるに違いない」と真奈は考えている。

それでも、走ることが好きだという美結は、変わらないだろう。学校でもかけっこはいつもビリだ。歩くのさえ困難な状況でも、「走るのが好きだ」と言う強さ。人と比べるのではなく、自分なりのスピードで走ることの爽快さを知っている美結の言葉を聞いていると、真奈が以前訪れたと言っていたアラスカの原生林が思い浮かぶ。

自然と動物たちがありのままの姿で存在することは、美しく、強く、そして静謐だ。かくあるべきという基準に無理やり押し込めることなく、互いを受け入れ合う森の声が聞こえた思いがした。

友ではない友

「ママ友」のことを考えると、初めてびっくりハウスを体験した夏の日のことを思い出す。プールの脇にひっそりあったそれは、ところどころ錆びていた。

足がすくむ思いがしたけれど、「大丈夫だよ」と言う友達について中に入っていき、がらんとした空間に置かれた椅子に骨ばった体を下ろす。

突然、周りの風景はぐるんぐるん回ってぐにゃぐにゃに歪む。

自分は変わっていないはずなのに、世界がゆがんでいくような感覚。

だけど、本当に自分は動いてないと言い切れるのか。重力を失い、どこにいるかさっぱりわからないところに迷い込んだ感覚に揺さぶられた。

「ここから逃げ出したい」

そう思っても、途中で部屋は出られない。

横を見ると、友達は楽しそうに笑っていた。

ママ友が初めてできたのは、子どもが生まれる前だった。

出産予定の病院の母親学級には、ほぼ同時期に子どもを産む妊婦が集められていた。そこでどんなことを学んだのかまったく記憶にない。

覚えているのは、終了後に私は初めて知り合った母親たちと雑談しながらエレベーターに乗り、「せっかくだから、今からみんなでお茶にでも行きませんか」と声をかけたことだった。人見知りで、自分から声をかけるなんてまったく性分に合わない。だが、これから母親になるには、孤立してはいけないと思った。母親には、ママ友が必要なのだという思いが刷り込まれていた。

確かに、ママ友は戦友でもあった。乳腺炎にならない方法や哺乳瓶の吸口の種類、授乳後にゲップをうまく出す方法など話し合った。赤ちゃんの頃は年齢ではなく月齢で表すように、乳児をもつ母親にとっては数ヶ月の違いが大事になる。少し月が違うと、対処すべき事柄が変わっていき、その時に知りたいことの興味が噛み合わなくなるのだ。今まさに直面している課題を語り合える人がいることは、ありがたいことだった。

母親学級で仲良くなったママ友たちは、年齢も職業もバラバラだったが、皆が初めての子育てであり、実家から遠く離れて暮らしていた。

私は普段はテレビをほとんど視聴しないが、なぜかこの頃はＮＨＫの「鶴瓶の家族に乾杯」を食い入るように見ていた。大家族で暮らし、祖父母や地域の人も一緒に子どもを育て、見守ってくれている。こんな子育てができれば、ママ友なんて無理に作ることはないのかもしれない。「これはフィクションだ」と勝手に言い聞かせることで、私は自分を慰めていた。

狭いマンションの壁は白くて、退屈で単調だ。実家の壁はいろいろな素材や柄だったのにといらだちを感じる。

こんな閉鎖された空間ではうまく息が吸えない気がして、子どもを抱き抱えてマンションの共用部のソファに逃げ込んだ。幼い子と疲れ切った母が日がな一日そこに佇んでいても、誰一人として声をかけてくれる人もいなかった。私たちはどこまでも透明な存在で、どんどん現実との距離が遠くなっていくように思えた。


近所づき合いもない都心のマンション暮らしでは、ママ友がいなければ子どもの遊び相手さえ見つけられない。

だからあの時、自分からママ友を見つけに行ったのは、命綱を探すようなものだったのかもしれない。

しかし、支え合っていたかのような関係でも、子どもの成長と共に互いの乖離は広がっていく。離乳食をどうやっても食べてくれない子と、イヤイヤ期にスーパーでひっくり返って泣く子の母親では、悩みの質は異なっている。成長のスピードも内容も変わってくる。もう同じ戦場を戦う同志ではなくなっていった。

「うちの子は歩き始めるのが早くて、どこへでも行っちゃうから困る」

「もう二語文をしゃべって、一日中うるさいの」

相手が悪いわけではないのに、そんな他愛ない言葉に心がざわめくようになる。

わが子は歩けるようになるのが遅くて、大きな病院に診察に行った。医師は「お母さん、気にしすぎですよ」と笑った。この時期までに歩かなければ受診してくださいと検診の時に言われたからこそ、病院にやってきたのだ。行政は度重なる検診で発達の遅れをスクリーニングしているのに、その指示通りに動いただけで神経質な母親の烙印を押されたかのように思え、心の中で舌打ちした。

だがよく考えれば、私が間違っていたのかもしれない。たとえば、「一歳四ヶ月まで歩くことがなければ、一度病院に来てくださいね」と言われていたとしても、一歳四ヶ月になったらすぐに病院へ行くのは適切な行為ではないのかもしれない。おそらくもう少しだけ様子を見るおおらかさが必要だったのに、言外の意味を汲み取ることを私は忘れていた。ちゃんと行間を読まなければ私たち親子は生き残れないと考えた。言葉は額面通りに受け取れない。

でもその頃はまだ世界が回転する前の、静かな揺れの段階だったのだろう。

空気が一気に変わったのは幼稚園入園を控えた頃だっただろうか。

這った、笑ったではない。それぞれの子どもには明らかな差が見られるようになる。それは優劣ではなく、それぞれの個性でしかないことは十分にわかっていた。だが私もまた、子育てに自信が持てないために、周りと比べていたのだと思う。

私自身は、子どもの頃から呆れるほどできないことが多かったけれど、母親にそれを注意されたり、否定されたことはなかった。運動が苦手でも、食べ物の好き嫌いが多くても、それはそのまま受け入れられた。幼い頃は肉類が一切食べられなかったが、苦手を克服させようと促されることもなかった。一方、学校では給食を残してはいけないと厳しく言われ、私は昼休みの時間になっても、掃除の時間になっても、ひとりで埃にまみれて給食を食べ続けていた子どもだった。

ママ友の世界は、学校と同じだった。嫌いなものは嫌いだと言うことはできない。そして、いつも比較され、評価され、ヒエラルキーの中に位置づけられていた。

子どもの成長を比べようとする激しい世界の回転は、それだけでは飽き足らずに、父母や祖父母にまで及んだ。住んでいる家の住所や車の車種、夫の職業、母親の出身校などでランクづけされる。同じ区の同じ住所でも、何丁目であるかが違うだけで、価値が変わると言い放った人もいた。

その上、難解なのは、世間で広く良いと信じられている価値基準だけではなく、ローカルルールが適用されていることだった。

ママ友のボスは、自分がボスであることを強固にするために、自分が持っていないものや人の価値観を否定した。

「母親が働いているなんて、子どもがかわいそう。愛情不足になるわよね」

ボスはさも得意そうに言う。

「あの方、夕飯に冷凍食品をしょっちゅう使っているらしいわよ。私はそんなもの一度も使ったことないわ。手抜きばかりで、母親失格ね」

対抗するのは、母親の愛情という実体を可視化できない武器によってだった。

もちろん毎日料理を丁寧に作ることは尊いことだろう。でも、それは他者に押しつける必要はないし、優劣のつく話でもない。専業主婦として子どもとの時間を最優先にする母と、子育てと仕事を両立して自分の仕事に誇りを持つ母とでは、どちらが子に対する愛情が深いかなんて誰にもわかるわけがない。

けれども、もっとも醜悪だと思ったのは、そんな話を聞かされても何も言えない自分だった。もともとボスよりも、何でも言いなりになっている取り巻きが苦手だった。ボスの独善について内心呆れているかもしれないが、面倒だから長いものに巻かれて同調しているのではないだろうか。そのことに、自分も加担していることが苦痛で仕方なかった。

ママ友とは子どもが赤ちゃんだった時は友達のようにいろいろ相談しあい、家族のことも仕事のことも普通に話していた。だが、その頃になると、もう私は自分のことは何も話さなくなった。年齢も仕事も夕食のメニューも、子育ての悩みも喜びも。

同調も反論もすることなく、とにかく息を潜め、耳を通り抜ける音が鳴りやむことだけを待っていた。

だがある時に、このような日々にどうしても耐えられなくなって、お茶の誘いには行かなくなった。

それから私は空気になった。

そこに存在しないものとして、挨拶しても無視して目をそらされる。大勢で話していても、私だけはいないことになっている。

私は本当は他の人の目に見えていないのではないだろうかと、自分の腕を抓ってみた。痛みは感じなかった。

そんな頃の二〇一五年七月三日、読売新聞栃木県版でこのようなニュースが報道された。

〈今年4月16日と23日、佐野市内の市立小学校の児童2人の母親が相次いで自殺した。

遺族によると、児童2人は学校で物を隠されたり無視されたりするいじめを受け、不登校になった。2人の母親が「やめてほしい」などと、別の児童の母親に改善を促すうちに、母親たちの間で孤立するようになった〉

この報道を受け、「女性セブン」は二本の記事を掲載した。この二人の母親、A子さんとB美さんは親友とも言えるママ友だった。子どものいじめについて改善してもらえないかと、いじめをしたとされる子どもの母親に交渉すると、別の児童の母親たちから「母親失格」となじられたり、保護者のグループLINEで陰口を叩かれるようになったと書かれている。

記事いわく、A子さんがまず自宅で命を絶ち、変わり果てた母の姿を小学生の娘が発見した。A子さんの葬儀で、B美さんは「私がA子ちゃんの代わりに、子どものことを守る」という内容の手紙を読んだが、A子さんが亡くなってから一週間ほどでB美さんも自死。その姿も小学生の子どもが見つけたと書かれていた。保護者の集まりの翌日だったという。

記事には、救いがあるとすれば〈今、その不登校だった娘は、〃ママも頑張ったんだから、私も頑張る〃といって毎日、元気に学校に通っている〉と書かれていた。

このニュースを知った時の重い気持ちは、時間が経っても変わらない。

母親たちの本当の死の理由はわからない。記事に書いてあることがすべて正しいかも一読者では判断がつかない。だから、なぜ子どもを残して、なぜ死を選んだのかは他人からはわかりようがないことだ。

だが、ママ友との関係、子どものいじめの問題は、彼女たちの心の重石の一因になっていた可能性は否定できない。

ママ友との関係に悩んでいた私は、この事件から心が離れないようになっていた。

そして、このような相手までが「ママ友」と世間からは呼ばれてしまうことにも悲しみを覚えた。きっとママ友関係の渦中にいない人たちは、なぜそんなものに囚われているのか、まったく理解できないだろう。

しかし、世界は一気に歪められることもあるが、日常の中で少しずつ気づかないうちに心が侵食され、部屋の四方八方が狭まっていることもある。巧みに人は追い込まれていく。

ボスは人よりも優れた地位や美貌、経歴を持っているからボスになるのではない。ボスになるという強固な意志があるから、ボスなのだ。どこにでもいる普通の人で、おそらく普段は善良でさえあるだろう。

そういう人が、限られたグループで、世の中からすればどうでもいいようなささやかな世界であっても、絶対的な権力をもった時、人は恐ろしいほどに変貌する。

それは本当のことではなく、虚構の空間だったとしても。

「ママ友問題で心を病む人もいる。巻き込まれたら、何が何でも逃げるべきだ」

渦中にいない人はそう言う。けれど、そんなに簡単なことではないだろう。

なぜ母親たちはボスに従うのかといえば、子どもに笑っていてほしいからだ。母親である自分のせいで、子どもが仲間はずれになったらと思うと胸がつぶれる思いがする。成長すれば、子ども同士の人間関係で動くようになるが、幼い頃は母親次第でその世界も変わってくる。

栃木の死を選んだ母たちは何を思ったのだろう。

わが子を救おうと、直談判に行った。足がすくむ思いがしただろう。それでも、子どもを守るために戦おうとしたに違いない。

真相はわからないことばかりのこの事件にも、唯一確実なことがある。逃げればいいと人は簡単に言うけれど、母親たちに逃げることのできる場所など、きっとどこにもなかったということだ。

家族や周りの人がどれほど母親を支えていたとしても、逃げきれなかった。そこにはどんな深淵が顔を覗かせていたのだろうか。

「元気に学校に通っている」ことを救いとして書かれた少女には、逃げる場所があるのだろうか。こんなことは救いなどではないとやりきれなくなる。


子どもが成長するにつれ、ママ友と呼んでいた人たちとの関係はどんどん希薄になっていき、顔を合わせることもなくなっていった。

幼かった時の子どもの写真を見返してみる。子どもは信じられないほどかわいく、そして母親を求めていた。

あの頃にそんなことで心を塞いでいるよりも、子どもと向き合う時間をもっと過ごせば良かったとも思う。

その時間はどれほど悔いても、もう二度と戻らない。

でも、本当に逃げる先などあっただろうか。
それは、今となってもまだわからない。

朝の希望

人の抱える悪夢は、自分にとっての悪夢にもなりうる。

「朝が来るのが怖い。あの子がいないことを再認識するから」

二十年近く前に、子どもが突然失踪したある家族が静かに発したその言葉は、時を経ても私の悪夢であり続けてきた。

当時、私は全国各地の児童失踪事件を取材していた。少し目を離した隙に娘がいなくなったことから、下の子どもがちょっと目に入らないと家の中でも心配で探さずにはいられない母。家族がバラバラになり離婚したいけれど、娘が戻ってくるまではそれもできないと話す母もいた。一様に自分を責め続け、そして疲弊しているように見えた。

一方で、犯人だと疑われた人にも話を聞いたが、その家にも小さな子どもが生まれ、柱に「家内安全」の御札が貼ってあり、混乱と悲しみは深まるばかりであった。

取材者は泣いてはいけないと編集者から言われてきたけれど、その取材で私は母たちと一緒に静かに泣いた。

その後も、子どもが失踪してから何年が経ったという報道を見る度に、いつまでも醒めることのない悪夢を見ているような思いになった。

家族の絶望の深さに思いを馳せるにつれ、ある母に会いたいと思いながらも、すぐには連絡することができなかった。その苦しみに立ち入ることは簡単にはできないと思ったからだ。

キャンプ場でたった十分間、目を離した際に子どもがいなくなったなんてどう考えても悪夢だろう。追い打ちをかけるようにSNSでは母の振る舞いに誹謗中傷が集まっていた。

大きな台風が日本を直撃した時も、新型コロナウイルスの流行で緊急事態宣言が発出された時も、私はその母と娘に思いを馳せていた。やがて一年という時間が経ち、何かを決意したような毅然とした彼女の記者会見を見た時に、私はようやく連絡を取ることができた。

そこで母が語ったのは悪夢ではなく、人間が捨てることのできない「朝の希望」だった。


小倉美咲はキャンプ場の朝が大好きだ。母のとも子はいつも朝五時頃に起きて、犬の散歩に出かける。それから火を起こして、朝食の準備を行った。

大きい寝袋で母と一緒に寝ていた美咲も起きて、「ママと散歩に行く」と言い、体いっぱいに朝の空気を吸い込んだ。

「朝のキャンプ場は空気が気持ちよくて大好き。昼は蛇とか熊が出るから怖い。夜はおばけが出るから山が怖い」

キャンプに参加する前、美咲は同級生にこう伝えていた。美咲がいなくなった後に、同級生の母からこの言葉をメールで伝えられた時、とも子は「娘は絶対に生きている」と感じた。怖い山に自分から入り込むことはないだろうし、もしも何かあっても朝が来たらあの子はがんばろうと思ってくれているはずだと祈っていた。

「だから朝になると私もがんばろうと思います。美咲が見つかる夢しか見ないから、夢の情報であったとしても手がかりにしたくて、いつも枕元にメモを置いています。つらいのは夜眠る時。今どこで寝てるのかな、私がいないと眠れない子だったのにどうしているんだろうと考えると苦しくなります」

そんな苦しみを吐き出すため、とも子は自宅にいる時も朝の五時に起きて、近所の神社をまわり、長女が起きる六時前には帰宅するようにしていた。まだ薄暗い中、御神木に泣きながら話しかけることもあった。

「私の本音はここでしか話せません。千年生きてきたら、いろいろ見ていらっしゃいましたね」

樹齢千年を超えると言われる御神木は、戦争で子どもをなくした母親の姿も見てきただろうとも子は想像した。苦しんでいるのは自分だけではないと考え、木にお礼を言った。

「いろいろな人の話を聞いて大変でしょうが、聞いてくれてありがとうございます。またつらくなったら来ます」

人に弱みを見せるのが苦手で、人前で取り乱すこともあまりできない自分の本音を吐き出せるのはこの御神木にだけだった。

その家は時間が止まったかのようだった。壁に飾られた習字も誕生日に写真館で撮った写真も一年前からほとんど変わっていない。とも子の後悔は堂々巡りを繰り返し、最後はあの十分に立ち戻った。

「美咲が私に何も声をかけずに勝手にどこかへ行ったなら、ここまで自分を責めなかったかもしれません。でも、その日わざわざ私のところに来て、『遊びに行ってもいい？』と聞いてくれたんです。それまでは勝手にどこにでも行ってしまう子だったのに、随分お姉さんになったなと頼もしく思いました」

「どうしてついて行かなかったのだろう」と激しく悔やみながら、その場面を幾度もとも子は頭の中で再現した。

「子どもたちにおやつを食べさせ、やっと大人だけでお茶ができる時間だと思って、おしゃべりをしていました。なんてくだらない考えだったのだろうと自分に腹が立ちます」

状況が変わらない以上、後悔も変化しない。自分を責める苦しみは、出口がないのではないだろうか。

「美咲が戻ってくるまで一生自分を責め続けるでしょう。でもどれだけ悔やんでもその日に戻れないこともわかっています。その後悔は、私が前向きに美咲を探す原動力になっている。後悔してそこで落ち込むだけ落ち込んだら、やっぱり私のせいなんだから、私ががんばらないといけないと思い直すのです」

美咲がいなくなった日は、五時半に日が暮れた。深夜三時過ぎまで皆で捜索し、朝六時から再開するためにいったん休もうという話になった。でも眠れない。とも子は娘と同じジーンズとヒートテックという軽装で森の中に座って、ランタンを燃やし続けていた。目の前に広がる闇は深く、重量を感じた。でも闇の中の灯りはよく光るはずだ。

次の日に会えた時に、「ごめんね。昨日はママも同じ格好でいたよ」と抱きしめることを想像してその夜を過ごした。だが次の日も見つからなくて、日暮れがどんどん近づいてきた。雨が降り出し、気温は前日よりもぐっと下がって十度になっている。今日もまたこの雨の中一晩外にいさせてしまうかもしれないと思うと、恐怖が膨らんでいく。

山での生死を分けるのは七十二時間だと聞いていた。その恐れていた七十二時間がやってくる。夕暮れの中、とも子は膝を崩して泣いた。山にいてほしいと願っていたけど、山にいたら生きていけないかもしれない。雨が降って寒かったし、あの服装では凍えてしまう。

どれほどの絶望の中にいても、それでも朝五時半には夜はあけた。ボランティアの人たちに食事をとってもらえるように、火を起こして味噌汁やおにぎりの準備をした。寒い雨にもうだめかもしれないと泣き崩れても、朝になると「待てよ。この雨で水を口にふくんだかな」と前向きに考えられた。前向きな性格だからではない。諦めることはどうしてもできないからだ。

「せめて暖を取れる場所にいてほしいなと思いました。すぐに戻ってきてほしいのはもちろんですが、母親って子どもがどういう状態で、どういう状況でいるのかが一番気がかりじゃないですか」

もしも誰かに連れ去られていても、暖がとれてお腹がすかなくてしっかりそこで生きていられれば戻ってこられる。そう願っていた。

「今から殺しに行くぞ」

当初からやむことのなかった誹謗中傷は、とも子が犯人だと責め立てるものから脅迫にまで発展した。とも子の家に何時に電気がついていた、消えていたなどと監視するような投稿もあった。小学生の長女に見知らぬ人が家の前で、「ママはどうしてるの?」と声をかけた様子もネットに投稿される。長女は意味もわからず、「ママの友達に家の前で会ったよ」と無邪気に話していた。「そうなんだ、教えてくれてありがとう」ととも子は言った。長女に外は怖いという恐怖心を与えたくなかったからだ。

長女は妹がいなくなった当初から、学校で「美咲ちゃんのお姉ちゃんでしょう」「美咲ちゃん大丈夫?」と何度も聞かれることに苦しんでいた。

「自分が自分じゃなくなっちゃった。大丈夫じゃないのに大丈夫って何百回と言うのが嫌だ」とも子が山梨で捜索している間、長女は祖父母の家の押し入れで毎日泣いていたという。それでも祖父母を心配させないために、学校に行きたくないとは言い出せなかった。

母が台風のために一時的に自宅に戻ってきた時に、長女は「もう学校に行きたくない」と泣いた。それでも三ヶ月の不登校の末、ようやく十二月末から少しずつ学校に行けるようになったが、車で送っていっても泣いて降りようとしない時間が続いた。車は自分を守ってくれる安全地帯で、一歩外に出ると恐ろしいと思っていたようだった。

それなら家から友達と歩いて登校した方がきっかけがつかみやすいかもしれないと、とも子は片道四十分ほどの学校までの距離を毎日付き添った。そんな矢先に、見知らぬ人が長女に平気で話しかけてくることにとも子は怯えた。

長女の気持ちは、妹がいなくなってから荒れていた。身長は百五十センチもあるのに一歳児のように泣く。いつもいらだっていて、大きな手足でとも子を殴ったり蹴ったりしたこともあった。とも子は「抱きしめてほしいんだろう」と思って抱きしめようとしても、「ふざけんなよ、来るんじゃない。近寄るんじゃねえ」と長女から言葉をなげつけられた。

以前だったら「そんな言葉使わないの」と注意していたが、妹がいなくなって長女もつらいのだからと何も言わずに受け止めていた。だがある時に、とも子は思いっきり長女を怒った。

「あなたのやっていることはわがままでしょう。美咲は学校に行きたいのに、行けないんだよ。美咲はテレビを見られてるのか、ちゃんとご飯を食べられているかどうかを考えてごらんなさい」

長女は「美咲」の名前も「山梨」も聞きたくない様子だった。だから、それまでは美咲のことは触れないようにしていたが、その時初めて美咲に思いを馳せる言葉を使った。長女はわあっと大声で泣いて、とも子も一緒に泣いた。腫れ物に触るかのようにそれまで長女を怒る人は誰もいなかった。でも、それは長女のためにならないと思った。一人の人間として向き合う必要があった。

「ママだって苦しいけど、なんとかやってるよ。今苦しくて泣きたいのはあなたのわがままを聞いている時。それとどこにいるかわからない美咲のことを考えるのがつらいんだよ」

とも子は自分の思いを伝えた。そこから長女が変わったという。「今日のこのご飯、美咲が好きだよね」「このテレビ、美咲が大好きだよね」と自分から美咲のことを話題に出すようになった。

そして二〇二〇年二月末にコロナで休校が決まった時長女は言った。

「なんで学校を休みにするんだよ、学校行けないなら、生きている意味ないじゃん」

行けなくなった時に日常の大切さがわかったんだなと、とも子は感じた。そして今なら受け入れてもらえるかもしれないと提案してみた。

「学校に行けるようになるまで美咲のためにがんばらない？　一緒に山梨へ行かない？」

「行く。一緒に探す」

旅行ではないから贅沢はせず、キッチン付きのホテルで自炊することにした。五日間の日程のうち一日だけ長女が遊べる時間を作り、それ以外は道の駅やホームセンター、コンビニにチラシを貼らせてくださいと二人で頼み込んだ。

「あなたお母さん？　自分が目を離さなければこんなチラシ配りしなくて良かったのに。本当に美咲ちゃんがかわいそう」

チラシを渡した人からこのように非難されることは一日に何度かあった。それでもとも子は引かなかった。

「そうですよね。私も本当に後悔しています。でもあの日に戻ることはできないんです。もしかしたらお母さんの家の近くに美咲がいるかもしれないので、絶対うちの娘の顔を覚えていて下さい」

そう言ってチラシを手渡し、何万回と頭をさげてきた。

誹謗中傷されても、ＳＮＳで発信し続けるのも同じ思いからであった。

一方、夫は自分だけ気持ちがついていかないことにプレッシャーを感じていたのかもしれないと、とも子は話す。夫は家族が攻撃されてもインターネットをやめないとも子の気持ちがわからないと言った。記者会見で母親一人でしゃべっていることも、「でしゃばりだ」と非難の対象となったが、夫はそもそも会見自体に反対だった。

「どうして人前に出て話さないといけないかが理解できない。自分はつらすぎて話せない」

だが、とも子はやるべきだと押し切った。

「これだけの人に迷惑をかけて、警察消防自衛隊だけで千七百人、ボランティアさんは一日百人も来てくれて、総勢三千人くらいの人がうちのために動いてくれた。子どもの顔写真だけ出して探してくださいと頼み、自分が顔も出さないで、お礼も謝罪もしないなんて、親としてそんな無責任なことはしたくない」

前面に出るとも子に対する誹謗中傷は大きくなっていく。曰く髪を切った、カラーリングをした。カラーリングはもともとキャンプの直前にしたばかりだったし、髪は美咲と同じ長さにするために自宅で友達に切ってもらっただけだった。着飾りたかったわけではない。それからは非難されないようにと、化粧もせず、地味な服を着て、伏し目がちに話すようになった。本当はこれ以上もうメディアに出たくはなかったけれど、警察からは「お母さんが出ると情報が集まる」と言われていたから、やめる選択肢は考えなかった。

「誹謗中傷をこれ以上受けないように、自分を繕っていたところがありました。非難されないように、目立たないようにしていました。でも、娘がどこかでテレビに映る自分の姿を見ていたら、『こんなボロボロになって泣いていて、私のせいでお母さんがおばあちゃんになっちゃった』と悲しむのではないかと思いました」

とも子がおしゃれをすると、美咲はいつも「ママかわいい」と喜んだ。それなのに、とも子は批判を恐れて着たくもない服を選んでいた。しかし、それでは長女と同じように、自分が自分でなくなっていたのだと気がついた。行方不明になる以前と同じ服装と最低限のマナーとしての化粧をして、取り繕わない姿でメディアに出ようと決意した。

「お母さん、変わりましたね。一年経って、もっとくしゃんとなっているかと思ったら、這い上がりましたね」

メディア関係者からもそう声をかけられた。それまでとも子は、一年で娘を見つけることを目標にして生きてきた。その期限が過ぎてしまい、娘が帰ってくるのは一年後二年後三年後なのかわからない。自分が取り乱していたら気持ちがもたないから、落ち着いて冷静に前を向き、その時にできることをやっていこうとも子は思った。日常の生活を、長女との暮らしを大切にする。美咲が戻ってくる環境を整える。少しずつ生活を立て直そう、と。

一年が過ぎたのを機に、これからは誹謗中傷とも戦うことも考えている。それまでは「誹謗中傷が苦しい」と言っても、「自分がつらいとかどうでもいいでしょう。美咲ちゃんが一番つらいはず。悲劇のヒロインをきどっているんじゃないよ」と批判されることを避けるため、二の次にしてきた。しかし一年が経って、どう足掻いて走り回っても、すぐに娘を助けられるわけではないこともわかった。

「今は美咲が忘れられてしまわないために活動を続けている。誹謗中傷も報道してもらうきっかけになればと考えています」

とも子は小さい頃からいじめっ子がいると見て見ぬふりができず、注意をする性格だった。自分たちを誹謗中傷する人は、いつかまた他のターゲットを見つけて追い詰めるかもしれない。見過ごすことはできないと思った。

この家の時間は一見止まっているように見えたが、実はそうではなかった。美咲と同じ長さにしたというとも子の髪が背中まで達するくらい、時間が流れていた。


「よくそんなに強くいられますね」

そう言われると、とも子はいつも「私の母が強かったから」と答えている。誹謗中傷で自殺してしまう人もいるが、死にたいと思ったことは一度もないと断言する。とも子が七歳の時に父は事故で他界した。母は三人の子どもを一人で育て、弱音や愚痴を言うことはなかった。成人式にとも子が育ててくれたお礼を言ったら、「私のおかげじゃなく、周りの人たちが助けてくれたおかげだよ。そして私もあなたたちのおかげで生きてこられた」と母は言った。

とも子は考える。もしも母の背中を見ていなかったら、そういう姿を知らなかったら、「なんでうちの子だけ、なんで私だけ」と絶望の淵に突き落とされただろう。でも、人間は周りの人の助けの中で生きていることを母から学んだ。

「いなくなったのがうちの子で良かったとは決して思わないけれど、他の家の子じゃなくてよかったとは思います」

母譲りの強さは、美咲にもまた受け継がれているのだろうか。

「美咲もとても似ています。だからどこかで朝の希望を持ち、強く生きていてくれていると信じています」

美咲の一年生の通知表には「悪いことは許せない正義の味方で、ルールを守らない友達には注意することができました」と書かれていた。

人は自分のことなら絶望もできるが、わが子のことは容易に諦められない。その母の思いが希望に繋がっているのだろう。二十年前に取材で泣いた私は、とも子の話では涙が出なかった。受け渡されたのは悲しみだけではなく、強くあろうと立ち上がる母の決意だった。

誰のせいでもない

こんなシビアな話を、なぜこの人はここまで笑顔で語れるのだろうか。

その動画を見た時の衝撃は忘れられない。

ＹｏｕＴｕｂｅの「デフサポちゃんねる」で、「ユカコ」は明るく、軽やかに話す。

「『障害がある人は産んじゃいけないんじゃないのか』とか、『耳が聞こえないのに遺伝とか考えなかったのか』とかいろんな辛辣なコメントがニュースサイトなんかに入るんですよね」

ユカコは重度の聴覚障害者で、音がない世界に生きている。補聴器をつけても、大きな物音以外には声も聞こえない。だが、唇の動きを読むことで相手の言葉を理解し、きれいな発音で話すことができる。

そして、ユカコは七歳と五歳の女児を育てる母親でもある。長女には、五十万人に一人という難病がある。

耳が聞こえない母親が難病の子どもを産んで、さらになぜ二人目まで望んだのか。二人目は難病の子の世話をさせるためではないか。そんな視聴者からの問いに、「ユカコ」は動画で答える。

「もともと社会のお荷物なのに、なんで産んだのかに関しては、正直私のエゴでしかないと思っていて、考えなく産んだっていったらあれだけど、普通に……。第一子の子どもがかわいかったし、もう一人いたら楽しそうだな、欲しいな、という感じで産んだんです」

大きな口をあけて、清潔感のある笑顔を見せながら、まるで何か楽しかった出来事を語るかのようにあっけらかんと話す。

「人並み以上に納税もしていたし、自立もしていたから、『あ、障害者って子どもを産んだらあかんのや』って発想があることをそのコメントを見て改めて思った」

障害者なのになぜ子どもを産んだのかなんて、まともに答える必要がないように感じる失礼な質問である。匿名だからネットに書き込むだけで、面と向かってこんな言葉を他人に言える人がどれだけいるだろうか。

それをあえて取り上げ、正面から自分の気持ちを答える。深刻に、重く語るのではなく、問いの湿度が一気に取り払われるかのような爽やかさでユカコは話す。

「タブーにする話ではない。私はいつでも逃げずに答えるよ」

動画からはそんな覚悟が伝わってくる。

しかし、なぜそんなに強くいられるのだろうか。

そして、明るすぎるくらいの笑顔はどこから来るのだろうか。

「ユカコ」こと牧野友香子は、「デフサポ」という難聴児の教育支援を行う会社の経営者だ。

横浜市のシェアオフィスの一室で会うと、動画の印象とは少しだけ違った。長い髪の色を明

る く染め、丸い眼鏡をかけている。快活さは変わらないが、知的で内省的な経営者の顔を覗かせる。

特別はっきりこちらが口を動かす必要もなく、ユカコは言葉を読み取っていく。

彼女の動画で印象的だったのは、「悪いとは思わなかった」という言葉だった。動画にはユカコの母も登場し、同様のことを話していた。

「母は、娘の私が耳が聞こえないと知った時はショックだったけれど、耳の聞こえないわが子に対して『ごめんね』とは思わなかったそうです」

ユカコは自分が耳が聞こえないことを「なんで自分ばっかり」とは思わなかったという。生まれた時から聞こえないから、自分にとってはそれが当たり前のこととして受け入れてきた。

「もし、母から耳が聞こえない子に産んでごめんねとか、悪かったと思われていたら、ネガティブに障害を受け取っていたかもしれない。例えば、ぶさいくに産んでごめんね、と親から言われたら、めっちゃ嫌でしょう。それと同じです」

ユカコの夫も動画で、障害が気にならなかったのかという質問に対して、「耳が聞こえないか、性格が悪いかだったら、性格が悪いほうが嫌」と答えていた。

耳が聞こえないのは、見た目や性格などの様々な特徴と変わらないのだろうか。

「聞こえたほうがいいに決まっているけれど、だからといってないことを嘆いていてもしょうがない」

それでも不便はあった。ユカコはろう学校に通ったことはなく、小学校から普通校に通っていたが、授業は聞き取れないことが多かったという。読唇術はできるが、先生が黒板に向かってしゃべっている言葉はわからない。先生に当てられた生徒は前を向いて話すので、それも聞き取れなかった。

だから、授業中は漫画を読んだりすることもあって、母親は何度も学校に呼び出された。母親はユカコを叱らなかったという。ある時には、「成績が下がったら本人の責任だから、ほっといていいです」と学校に交渉してくれた。

それでもユカコは勉強を独学で行い、神戸大学に進学。卒業後はソニーに一般枠で入社した。

華やかでしなやかな人生は、そこにもともと準備されたものではない。負けず嫌いだと自称するユカコが、選び取り、勝ち取ってきたものだ。

恋愛に対しても同じだった。思春期の始まり、耳が聞こえない自分には恋人ができないかもしれないと考えた時期もあった。だが、中学生の時に初めて彼氏ができる。

「でも、それは子どもの恋愛。だんだん成長して、中学の終わり頃には彼氏と電話ができへんのがつらかった」

当時はテレビ電話もLINEもなくて、恋人同士は携帯電話で連絡を取り合っていた。

「耳が聞こえてたら電話できたのにな」

そう落ち込むユカコに、恋人は言った。

「俺が会いに行くからええやん」

実際に、ユカコの家族が「また来てる」と言うほど、彼はしょっちゅう会いに来てくれた。

ただ、結婚を考えればそう簡単にはいかないだろうと思っていた。

大学生の頃に付き合っていた恋人は、「就職したら、結婚しよう」と言っていた。彼の両親も「結婚したらええやん」と歓迎してくれていた。

「でも、彼のおばあちゃんが『聞こえないこと』をよく思ってなかった。それを私に言う彼氏はあほやなって」

彼女自身は、強い結婚願望もなかったし、就職のために上京したばかりで毎日が楽しくて仕方がなかった。そんな時に二十二歳で出会ったのが夫である。

夫の家族も歓迎してくれた。出会った翌年結婚し、二十四歳の時に長女を授かった。耳が聞こえないハンデがありながらも、明るさと才能とバイタリティで自分の人生を切り開いてきた。

「いじめられたこともなかったし、友達も多かったし、人生どん底だと思ったことはなかった。でも、あの時だけは本当にどん底でした」

それは長女が難病で生まれた時だった。

妊娠八ヶ月の時に胎児に病気があるかもしれないことを指摘され、大きな病院に転院。何度も検査したが、結局はは っきりしなかった。

「ショックだったんですけど、もう生まれるし、言ってもしょうがない」

出産には夫も立ち会い、陣痛は四時間ほどの安産だった。赤ちゃんが病気を持っていることは即座にわかったという。

「体の左右差もあったし、足も違う。でも、難病過ぎて、どんな病気かはすぐにわからなかった」

出産後、一瞬だけ抱っこをすると、すぐに赤ちゃんはＮＩＣＵに連れて行かれた。

ユカコが入院していた七日間は、毎日が告知の連続だった。

「レントゲンでいくつか問題がわかりました」

「首の骨にも問題があります」

内容はどんどん深刻になっていく。

「私は耳が聞こえないのに、さらに難病の子の子育ては大変でしょう。なんで自分ばっかりこんなことになるのだろう」

すべてを受け入れてきたはずのユカコだが、この時はどん底まで落ち込んだ。暇さえあれば、スマホやパソコンで病気を検索した。どんなふうに成長するのか、他の障害はあるのか、歩けるようになるのか。先がまったく見通せないのがつらかった。

ネットの情報だけでは足りずに、医学論文を含め、多言語で調べた。友人に、「娘の難病の情報を多言語で集めたいので協力して欲しい」と伝えると、友達から翻訳された論文が届いた。

だが、希望を見いだせる情報はほとんどなかった。

ユカコが病院を先に退院し、一ヶ月ほどしてから長女が自宅に帰ってきた。

「首の神経が圧迫されているから、ちょっとでも衝撃が加わると、首から下が動かなくなる」

医師からそう告げられた。抱っこひもも使ってはいけない。だが、どこまでが大丈夫で、どこからがしてはいけないことなのか、その基準は医師にもわからないのだという。

ユカコは「聞こえない私に、難病の娘を育てられるか自信がない」と感じていた。週に四回ほどの通院があり、心身ともにつらくて、逃げ出したくなった。

産後すぐ、ユカコは母親にそのことを打ち明けると、「いざとなったら私が育てるから大丈夫」と言ってくれた。「あなたを選んで生まれてきたのよ」「がんばって」などと励まされていたら、耐えられなかったかもしれない。いざとなったら逃げることができる最後の砦があったことで、安心感を得られた。

「それでも浮き沈みがあった。朝になったらやるぞと決意しても、夜になったら凹んでました」

そんな不安な毎日を送る中、生後四ヶ月の頃に娘は頸椎の手術を受け、振動を心配する必要はなくなった。命の危険がなくなったと安堵したものの、足の左右差はどんどん広がっていった。それまでは厚底靴を履いて調整していたが、五歳を過ぎて足の骨を伸ばす手術をすることになった。

娘のような幼い年齢の子どもに対して手術をしてくれる病院が東京や横浜にはなく、大阪でようやく医師を見つけた。諦めていたら手術はできなかったかもしれない。

夫婦で大阪に泊まり込んだ。手術は無事成功したが、骨を徐々に伸ばすために、金属のピンを皮膚を通して骨まで深く刺す装具を一年間ずっとつけなければならない。そこから感染する危険もあるため、清潔に洗う必要があった。長女は痛いと泣き叫ぶ。毎日一時間かけて汗と涙でぐしゃぐしゃになりながら、親子で風呂に入った。

長女は激痛に耐え、一年間歩くこともできない。車椅子を使う生活となった。

ＹｏｕＴｕｂｅを始めたのはそんな最中だった。以前より知人から「ユカコはブログや文章を書くよりも、顔をだして直接話したほうがいいよ」と勧められていたこともあり、デフサポの活動や難聴について知ってもらうためにスタートをしたチャンネルだった。等身大の自分として動画デビューをし、はじめは数百の再生回数だったが、一年後には百万回以上の再生数を達成するようになっていた。

そして、長女は苦労の末、歩けるようになった。今は学校にも自分の足で歩いていく。

「私は難病の子を産んで、娘にごめんね、とは思わない。大変な苦労を背負わせちゃったのかなとは思うけれど、それは誰のせいでもない。夫のせいでもないし、私のせいでもない。誰かが悪いわけではない」

耳が聞こえないことが遺伝するかもしれないということは、結婚する時に義理の両親に説明していた。のちに、難聴児が生まれる確率はないわけではないが、それは遺伝ではなく、普通に誰もに起きうる確率と同じであることがわかった。

「悪いとは思わない」と自分を責めないユカコの姿勢に私は惹かれた。子どもが病気になると、自分を責める母親の話はよく聞いたし、私もそう考えた。何か心当たりがあるわけではないが、因果関係があろうとなかろうと、不条理なことに対して責めるべき的が欲しかった。

だが、ユカコは何度聞いても、悪いとは思ってないと断言し、「逆に私のせいだと思いますか？」と聞き返した。ＹｏｕＴｕｂｅでは見られなかった、シビアな顔が垣間見えた。

ユカコは静かに言葉を継ぐ。もう笑ってはいない。

「難病は大変だとは思います。でも、誰の責任でもない。私の責任だと思ったらそれは謝ります。たとえば、風疹など感染症だったら注意することで防げたかもしれない。でも、この病気は違う。それに子どもの立場に立てば、逆に母親のせいだと思われても嫌です。夫もそう思ってないし、親も思ってない。そのかわり、長女が生きやすいようにしてあげたいと考えています。自分の力で生きられるように、選択肢を増やせるように、得意なところを伸ばしてあげようと思います」

そのために、社会を少しだけでも変えられないか、そう思って動画配信を始めたのだと言う。耳の聞こえない世界や難病に、少しでも人々が興味を持ってくれれば、自然と社会が変わることもあるかもしれない。大きく社会を変えるなんて大層なことは考えていないが、でも、身近なところで関心を持ってほしい。

「障害者は特別な人と思わずに、友達になってもらいたい。障害があってこんなことで困っているという発信ではなく、こんなに楽しいんだという姿を見せていきたい」

だからこそ、視聴者からの踏み込んだ質問にも答える。きれいごとだけ言っていても、友達になりたいとは思わないだろうからだ。

それでも、不条理は感じないのだろうか。耳が聞こえない上に、わが子が難病だという確率は高くはない。長女からすれば、五十万人に一人の難病であり、母の耳は聞こえない。

「どうして自分だけ違うのかと長女が言ったことはありません。これから先にそういう思いを持つかもしれないけれど、でも私自身が母にそんな言葉を言ったことはありませんでした。

『どうして耳が聞こえないの』と言っても無駄だからです。聞いたところで、耳がよくなるわけでもない」

変えられることと、変えられないことを合理的にわけて考えているとユカコは言う。障害は変えられない。でも、社会や自分の心持ちは変えられる。

「私はめっちゃ愛されてきている実感があるし、うちの子もそう思っているはずです。自己肯定感が高ければなんでもできるじゃないですか。だから、世界で一番かわいいし、世界で一番だと思っとけと。私たち夫婦はそう思っているし、子どももそうやって育てている」

ユカコは続ける。

「恋人がほしければ作ればいいいし、いなくてもいいならそれで楽しめばいい。本人が好きなように生きればいいと思っています。親だからといって子どものやりたいことを規制できないし、障害があるからって限界を自分で設ける必要はない」

長女は医師になりたいという夢を持っている。五歳の次女はプリキュアになりたいそうだ。

娘たちが生まれてから、ユカコは会社を立ち上げ、楽しくて仕方がなかったというソニーを退社した。会社の仕事は誰でもできる仕事だけれど、「デフサポ」で聴覚障害児と家族を支援することは当事者である自分にしかできないと思ったからだ。

長女の病気で先が見えなくて不安だった気持ちは、難聴児の親たちにとっても同じだった。長女の病気のことは、まだユカコにも先が見えていないから伝えられないけれど、自分のことなら話せると思ったという。

次女の妊娠中、パンパンのお腹を抱えて、東京と大阪二週間ずつ、難聴の子をもつ五十人ほどの家族に困りごとを聞いた。その中でどうやって言葉を教えたらいいかという悩みが多いことを知り、カウンセリングや言葉の教え方を教材にする会社を立ち上げることにした。

ただし、応援と同時にバッシングも受けた。ユカコは手話は使えない。

「手話を使ってる人を下に見てるとか、そういうふうにしゃべれるのは一握りなんだから安易に発信しないでほしいと言われました。誹謗中傷もありました」

だが、ユカコはいろいろな人がいることを知るべきだと考えている。手話でいきいきと自分らしく過ごしている人のことも知るべきだし、自分みたいに聞こえなくても声を出して話している人の存在も伝えたい。

やるべきこと、やりたいことは山積みだ。ユカコもこれから英語を一から学びたいなと考えている。

「障害や、いろんな人が持っている選択肢のことを、知っているか知らないかがポイントだと思います。こんな道があると知ってもらって、いろんな人が活躍してくれるといいなと思う。障害者とか難聴者とかが選択肢を狭められない社会になってほしい」

そのために、「ユカコ」は明るく動画で笑う。

最初は、この明るさとあっけらかんとした雰囲気は、世代の違いかもしれないと考えた。でも、そうではないのだろう。

この人は天性の明るさに加え、合理的に戦略的に考え、冷静に自己を律して生きているのだろう。

なぜそうするか。

変えたい未来があるからだ。

人が共感すること、魅力を感じることは何だろう。

それは、誰かががんばっている姿だけでもなく、成功している姿だけでもない。ありのままの率直さではないだろうか。

生まれるかなしみ

澄み切ったかなしみは、神話のようにも聞こえる。

小学校に男が侵入し、何の罪もない八人の子どもを次々に殺した。遺族の一人は本を書く。公開された少女の笑顔の写真は、輝くほどに愛らしい。母は手作りの服とクッキーを作り、毎朝ベランダに立って、娘の姿が見えなくなるまで手を振り続ける。それが一瞬にして奈落に落とされる。

事件後、その母の世界からは色も匂いも音もなくなり、この世なんてなくなればいいと考えていた。ある日、母は警察から知らされる。胸を刺されて即死だと思っていた娘は、実はそうではなかった。致命傷の深い傷を負いながらも、出口に向かって廊下を歩いていった。家に帰ろうと思ったのだろうか。その歩数は、母の足で六十八歩。瀕死でも、限界まで生きようとした。生き抜こうとした。

その事実を知った母は、娘がどのような思いで歩き続けたのかを感じたいがために自らも毎日そこを歩き続け、同じ場所で死にたいと思った。だけど、ある日笑顔の娘が見えたという。「もしも六十九歩目があるなら、どうか一緒に歩かせてください」と祈った。母のその後の一歩は、グリーフケア、かなしんでいる人に寄り添うことだった。

二〇〇一年に大阪教育大学附属池田小学校事件で宅間守に娘優希を殺害された本郷由美子は、二十年間この話を繰り返し語ってきた。日本各地に講演に行き、学校では命の授業を行って子どもたちにも命の尊さを伝えた。その話に多くの人が涙を流した。

だが、どれほど苦しくても、生きている限りはそれでも人生は続いていく。死にたいほどの絶望と、亡き娘から託された希望の語り部としてだけ生きてきたのではない。長い時間があったはずだ。

一人の母としての人生を聞きたいと思い、「グリーフケアライブラリーひこばえ」という名の絵本図書館を訪ねた。ここは由美子がグリーフの場として無償で提供する、かなしみに寄り添う空間だった。誰でもかなしみを持っている。それは死別だけとは限らない。


その場所は東京の東部、山谷地区と呼ばれる地域にあった。お寺の所有するスペースを無料で提供してもらったという絵本図書館は、優しい温かな色合いに包まれている。以前は浴室だった場所は改装され、ひとりありのままの感情を表出できる場所になっていた。

「娘の血を拭きました」

華奢な女性の由美子は、毅然とした表情でその話をした。すべてが終わった後、現場をこのままにしておけず、改装することになった。その時に、彼女もまた、娘の流した血を拭いた。黒く固まった血に水を含ませると、赤くにじむ。それを見て、「愛おしい」と感じた。

「娘の血痕ひとつも愛おしかった」

絶命していた場所は、人が踏まないように机で囲ってもらっていた。だが、もうここも壊すということで、廊下の板の一部は剝がして自宅に持ち帰った。司法解剖が行われた後に検体が残っていると告げられ、その処分をどうするか問われた。

「どうしたんですか」と私が尋ねると、「言いたくない。でも意思を決めていた」と彼女は答えた。

由美子は、今でもすべてをありありと思い出す。買い物途中でラジオ放送を聞いて、慌てて学校に向かったこと。「優希ちゃんのママ」と子どもたちが泣いて抱きついてきたこと。ヘリコプターの轟音で、先生たちの叫び声が聞こえない。わが子の姿だけがなぜか見当たらない。倒れている子どもの姿が見えるが誰かわからない。後になって、それが娘だったと知ったこと。なぜ亡くなる時に、最期に手をつないで傍にいてあげられなかったのかという後悔。すでに息絶えていたために、トリアージされて、最後に搬送されたわが子。娘が人生の終わりに見たものは何だったのか。母として、その光景を知りたいと思った。

学校の教師たちも、子どもたちも、事件の混乱とトラウマで記憶は断片しかない。真実に近づこうと、関係者全員で話し合って、映像を確認しながら時系列でつなげ、その証言が事実かどうかを確かめる作業をした。誰が何時何分に刺されたか、誰がどういう動きをしたのか。

当初は学校に怒りが向いた。被害者は怒りをぶつける場所がなかったからだ。

「学校が危機管理をきちんとしていなかったから事件が起きてしまったのではないのか。犯人に会うことができないから感情の矛先がそちらに向きました。でも今思えば、先生たちに申し訳なかったと思います。先生たちも被害者なんです。それでも時にぶつかりあいながらも、最後までみんなで記憶をたどり心を尽くした。苦しくても、何があったかを知ろうとしました」

誰もがそれぞれの立場で心から血を流しながら、自分たちの血をも拭き続けた。

だが、由美子は一人の教師に対してだけは今でもわだかまりを持ち続け、心残りに思っている。その女性の教師は、優希の隣のクラスの担任だった。

教師は警察に通報するために、子どもたちを残して教室を出た。そのクラスの子どもは二人殺害され、六人が負傷した。教師の通報までに八分かかり、さらに救急車の要請も遅れた。

「もう少し通報が早かったら、助かった子がいたかもしれない。そして廊下で倒れていた娘が最期に見たのは、そうであって欲しくないのですが、逃げた先生の後ろ姿だったのではと思うとやりきれないのです」

その教師とは、それ以降会っていない。

その後、由美子が地域の学校関係者の集まりで講演をした際に、ある学校の校長から声をかけられた。

「その先生はうちの学校にいます。ぜひ本郷さんの話を聞いてほしいと声をかけてみたのですが、やはり来ませんでした」

由美子は、その時のショックは言葉に表せないと言う。その教師とも今だからこそ向き合うことができたかもしれない。残念だった。講演会には、当時池田小に通っていた子どもたちもやってくる。トリアージで優希の代わりに助かった子もやってきた。かなしみや自責に、二十年経っても向き合い続けている。

「もしもその先生に会えたら、なんと声をかけたいですか」

そう尋ねると、由美子は言葉を選びながら答えた。

「私だって怖くて逃げたと思います。本当にそう思うけれど、でも見たことを正直に話してください。当初の証言では、優希を見たと先生は言っています。その時の状況はどうだったのか。職員室の誰かに『子どもが刺されてます。廊下で倒れています。助けを呼んでください』と指示はできたと思うのです。なぜそうしなかったのか。怖くて逃げたとしても素直にそのままの気持ちを言ってくれるのであれば、まだ良かった。保身だけの言葉では心が伝わってこなかった。そして、やっぱり私は最期の優希の姿を知りたいんです」

この教師は、自分の心の血を拭いたのだろうか。二十年経っても遺族と彼女は互いの痛みを分かち合えていない。


苦しんでいるのは、母だけではなかった。優希には妹がいて、とてもかわいがっていた。事件当時三歳だった次女の人生も過酷だった、と語る。

事件について、はっきり親子で話し合ったことはなかった。だが、次女もまた、池田小に通ったので、毎年六月八日になると「祈りと誓いの集い」が開かれた。月命日になると、自宅にはたくさんの弔問客が訪れる。いつでも「優希ちゃんの妹」と見られ、「お姉ちゃんの分までがんばってね」と言われ続けてきた。次女はその期待に応えて、わがままを言わないとても良い子だったという。その姿がずっと気になっていた。

次女が心を打ち明けたのは中学生の時だ。

「自分が誰だかわからない」

「私が死ねば良かった」

「私なんて生まれなければよかったんでしょう」

そして「寂しい」と泣いた。小さい頃から、両親は事件の話し合いや裁判のため多忙で、家にいないことも多かった。その間、次女は人に預けられ、孤独を感じていたという。

由美子は、次女が思い切りぶつかって、思いを吐き出してくれたことが嬉しかった。娘を抱きしめて、一緒に泣いた。

それから次女は学校に行けない時もあったが、「行かなくていいよ。一緒に遊びに行こう」と声をかけた。

「もうここにいると自分がだめになっちゃう」

次女はそう言った。「池田の本郷」と聞けば、地元では誰もがあの事件を思い出した。由美子は少人数の信頼できる人にだけ相談し、次女を東京の高校に通わせることを決意した。由美子の妹が東京に住んでいたため、最初の一年はそこに下宿させてもらった。いつでも池田に戻ってこられるようにだ。

次女は東京ではのびのびと別人のように明るくなった。二年目から、由美子も東京に拠点を移した。夫は池田市に残った。

「子どもを亡くすと母親が一番かわいそうだと思われてしまいがちです。だから周りは、次女には『お姉ちゃんの分までがんばって』と声をかけ、夫には『パパもママを支えてね』と言う。多くの人が善意で、母親を励まそうと声をかけてくれているんです。そうすると、パパだからがんばらないといけないという役割を押しつけられてしまい、家庭は不安定になります。パパだってかなしい、妹の立場だってつらいんです。それぞれの立場で、それぞれのかなしみがある。レッテル、スティグマと言われるような犯罪被害者像を押しつけられているように感じ、求められる姿を演じてしまうことがあります。本当の自分の気持ちに蓋をしてしまっている人も多い」

重大な喪失体験を経て、すべてが元通りになることはない。だからこそ、グリーフケアにおいては家族のグリーフも大切にする。「ひこばえ」には父親が一人で泣きにやってくることもあるという。

「グリーフというのは死別だけではありません。誰の身にも起こる当たり前のことで、日常にいつもあるものです。それを皆が理解してくれたら、こんなに苦しむ人は減るかもしれない。当たり前にお互いが支え合って、かなしいと言えるようになってほしい」

次女は池田には帰らずに、東京で大学に進学した。母親の活動を見ていたこともあって、大学では心理学を専攻し、卒業後はその知見を活かす施設に就職した。

「以前は次女が講演会についてきて、きょうだいの悲嘆について語ったこともあったけれど、今は何よりも自分の人生を楽しんでねと伝えています。青春を謳歌しているようです」

それでも、どこへ行こうとも、犯罪被害者であることは一生変わらない。ボーイフレンドもでき、彼は理解を示してくれているが、母としてはいつか結婚となると相手の家族から反対されるのではないかという不安も抱えている。

誰も好き好んで被害者になったわけではない。不条理な暴力にあっただけだ。その苦しみの上に、さらにスティグマを抱えて生きていかなければならないのだろうか。それこそ不条理だと思うが、由美子はこれが現実だと言う。

「犯罪被害者は、運が悪い人、前世に何かがある人と感じる人もいます。そういう視線や無言の圧力を受けると、存在を否定されるような感覚になり、自分は生まれてこなければよかったのかもしれないと追い詰められることもあるのです」

事件直後、朝になると自宅の玄関が白いなと思ったら、何者かによって塩をまかれていた。それが毎朝続いた。夜中に「あんたが悪いから、子どもが死んだのよ」と何度か電話がかかってきて、電話を不通にしたこともある。「なんとなく暗い感じがしてね」と面と向かって言われたこともあった。

今になれば、それぞれの価値観や宗教観があるのだろうとは思えるようになった。だが、当時はそれらに精神を壊されるほどに追い詰められた。

時間が経てば、嫌がらせがなくなるわけではない。二〇二一年三月、池田小事件の遺族に対して、勝手な思い込みで殺人予告をする脅迫文を送った小学校臨時講師の男に有罪判決が言い渡された。この男は東日本大震災の津波で犠牲になった大川小学校の遺族にも同様の脅迫をしていた。いつまでも、被害者であること自体を責められる日々だった。

「でも、おおっぴらにかなしいとも言えないんです。もう何年経っていると思っているの、いつまでかなしんでいるのと言われることもあります」

かなしみは現在進行形で綿々と続いていく。

「このかなしみは私が人生を閉じるまで続いていくのでしょう」

犯人である宅間守の死刑が執行されても、それは変わらなかった。

「死刑になった時になぜ私は激しく泣いたかというと、もっと何かを聞き出したり、謝ってもらったり、手紙を書いたり、そういう時間が欲しかったからです。あんなに早く執行されてしまい、喪失感だけが残りました。死刑を望んだけれど、人の死刑を望むこともすごくつらいことです。娘から命の大切さを教えてもらったからこそ、大きな葛藤がありました」

由美子は死刑制度を考える全日本仏教会の社会・人権審議会委員にもなった。これまで死刑については、冤罪や犯罪被害者の立場から議論されているが、死刑が執行された事件の被害者の声は届いていないと感じたからだ。

「賛成や反対について私は現時点では何も言えません。でも、死刑が執行されても、何も変わらないの一言です。私の気持ちは変わらない、優希が戻ってこないことも変わらない」

宅間に向き合えなかった思いもあって、由美子は刑務所や少年院での「特別改善指導」の一つ、「被害者の視点を取り入れた教育」の講師も行っているという。

「私たちがどんな苦しみにあるか、彼らは知らない。遺族は一生苦しみます、だから逃げないでと伝えています。受刑者は、出所して社会に出たら偏見で苦しむと言うけれど、遺族だってたとえば結婚できないかもしれないという偏見に苦しんでいることを話します。そういう言葉を心に響かせてくれる人もいて、もっと被害者のことを教えてほしいと言ってくれたこともありました」

基本的には、由美子は自分の話は明かさない。ただ、信頼関係ができた時には実は自分も遺族だと伝えることもあった。そうすると、涙を流す受刑者もいる。受刑者の苦しい生い立ちにも耳を傾ける。

「だってフェアじゃないと思いました。彼らは受刑者教育で、被害者から怒りをぶつけられる。だから、どうせ被害者とは対立関係にある、という思いをもっている。でも、同じ目線で話せば、実はわかりあえる部分もあるかもしれない」

山谷地区を拠点に活動するのも、最初は偶然だった。しかし、今にして思えば、導かれたのかもしれないと感じる。住所を書くだけで偏見の目で見られたり、タクシーで行き先を告げると「あそこの地区は」と言われたりしたこともあった。

「こんなに偏見を持たれている場所なんだなって、土地からかなしみの声が聞こえてきました。そして、地域自体がグリーフケアを昔から営んできたことも知りました。こういう土地だからこそ、互いにかなしみを支え合ってきた」

週に何度か、身寄りのない人が集まるホスピスでも働いている。そこにはホームレスの人や様々な過去を持つ人たちが暮らしている。罪を犯した人がいることもあった。由美子は彼らの最期の時間に寄り添い、その手を包む。

「犯罪加害者がいれば、必ず被害者も存在する。それでも、彼らのケアをすることに、なぜか抵抗を感じなくなっていました」

今は宅間に対しても、以前のような憎しみを感じない。「お前なんか生むんじゃなかった」と言われて育った生い立ちを聞いて、「もしかして最初からこんな人間ではなかったのではないか」と思えたからだ。

「どんないのちもかけがえがなく大切ないのちです。きれいごとだ、偽善だと批判されることもあるけれど、苦しんだ上にたどり着いた私なりの答えです。かなしんでかなしみ尽くした先に、いのちの価値も見方が変わり、自分のいのちも救われた」

「ひこばえ」には、子どもたちが自由に遊べるスペースもある。学校でも家庭でもない場所を作ることで、助けが必要な子どもたちの声を拾えるかもしれないとも考えている。幼い頃に救うことができれば、かなしみの連鎖は断ち切れることもあるかもしれない。

「ひこばえ」とは切り株から出てくる芽を指す。

「もう絶対に元には戻れない。それでも、違った形かもしれないけれど、ちゃんと生き直すことができるという意味を込めました。被害者がかなしみを手放すことも、加害者が贖罪の意識をもつことも、押しつけることはできません。自分でその可能性を見つけることのお手伝いができたらと願っています」

事件前は「満ち溢れたもの」に幸せを感じていたという。でも、今は価値観が変わった。

「ただ生きているだけで、すごく輝いてる。自分らしく生きることが一番の幸せです。自分の知らない可能性に気がつくことができた」

事件直後は二つの時間を持ってしまったことがつらかった。現実を刻む時間と心の中の時間だ。この時間のズレに苦しんだ時期もあったけれど、ある時に「二つの時計を持って生きていけばいいんだ」と気がついた。

「優希とはもう会うことはできないけれど、母としての絆は誰にも断ち切ることはできません。一生つながっていると思います。次女ともそうです。なんとか私の人生を最期まで生き抜いて、『やっぱり私のお母さんだね』と言ってもらいたい」

グリーフは出産と似ている、と由美子は言う。苦しみの先に希望が生まれる。このつらさを通り抜けたら、誰かと手をつないで一緒に歩けるかもしれないと思えるからだ。

かなしみという字は、「悲しみ」「哀しみ」だけではなく「愛しみ」とも書く。激しく泣くことから、優しく柔らかい愛しみに変わった二十年だった。

海と胎動

海辺の町の風には、波の音が交じる。

真新しい放送室に、当時としては画期的なテレビカメラと防音設備が備え付けられていた。

「ねえねえ、秘密の話があるんだけど」

ある少女が声をかけると、小学五年生の女の子たち数人が掃除当番が終わった後の放送室に居残った。

「お父さんとお母さんが何してるか教えてあげる」

同級生たちは神妙な顔で話を聞き、気持ち悪がったり、信じられないと泣き出したりする子もいる。

そんな中、久美はひとりほくそ笑んでいた。ずっと疑問だった。お母さんから生まれてきたのに、どうしてお父さんに自分は似ているのか。父親を敬愛していた久美は、そうやって父が自分の誕生に関与したのだと知って、なんだか安心したという。

放送室を出ると、本当は聞こえるはずもない波の音が一層大きく聞こえてくるような思いがした。

それからたった六年しか経っていないのに、どうしてこんなに遠いところに来てしまったのだろうと高校生になった久美は思う。

高校二年生の時、父親の仕事の都合で、幼少期から暮らした町から数百キロ離れた知らない土地に越した。前の学校の友達が、久美の住まいの近くに修学旅行に来るという。久美は友達に会うために修学旅行先に遊びに行くと、小学生の時にセックスを初めて教えてくれた少女が自死していたことを聞かされた。その後すぐに学校の焼却炉からは嬰児の死体が見つかったという。

どうして彼女は中絶を選ばなかったのだろうか。

どうして殺し、そして死んでしまったのだろう。

久美がいた高校では、望まぬ妊娠をした子のために、カンパ袋が回ってくることもあった。お金がなかったとしても、方法はあったはずだ。

正月や盆などに帰省する祖父母の家の近くには、菊田産婦人科があった。どこにでもある産婦人科に見えたが、子どもを育てられない女性たちの赤ちゃんを、子を望む夫婦に無償であっせんしていたことで、一九七〇年代に大きな命の議論を巻き起こす。このニュースをテレビで見た久美は驚きつつ、いざとなればここに駆け込めば何とかなるはずだと思っていた。

もし自分が妊娠したらどうするだろう。久美は自問自答する。自分は絶対に中絶はしないだろう。小学校一年生の時の夢は「お母さん」だった。弟といとこを合わせて十三人いる中の長子として、子どもたちの世話をしてきた。母からは、幼い頃から「ちーママ」と呼ばれていた。

大学の最寄り駅は、線路を挟んで栄えている側と寂れている側に分かれていた。

二十一歳の時、久美はその両側の病院で二回手術を受けた。中絶の時は寂れている側で、流産は栄えている側の病院だった。

妊娠がわかった時は、飛び上がるほど嬉しかった。相手は五歳年上の学生で、初めて本気で好きになった男性だった。日米の遠距離恋愛をしていた時は、彼は自分を知ってほしいとドストエフスキーを読むように勧めてくれるような人だった。だが妊娠を告げると、彼は苦しそうに「今回だけは諦めてくれ」と言った。

久美は「彼を取るか、子どもを取るか」と葛藤した。悩みに悩んだ結果、彼を選んだ。高校までは優等生だったが、大学に入ってから心が荒れていた。そんな自分を救ってくれた命の恩人だと思っていた彼の言葉を受け入れ、寂れている側の産婦人科医院で中絶手術を受けた。事務的な冷たい対応だったが、自分はどんな扱いを受けても仕方がない人間だと思っていた。

しかし、中絶手術から数ヶ月ほど後に久美はもう一度妊娠する。

「私たちは避妊がわかっていなかった」

久美は今度こそ絶対に産みたいと考えた。産むことのできなかった子の生まれ変わりだ、そうまでして生まれてきたかったのだと思った。彼と別れても産もうと決意したが、久美の苦悩を見てきた彼は、今度は「結婚して子どもをもとう」と言ってくれた。

久美は、地獄から天国に行った気分だったという。妊娠七週で互いの両親に結婚の挨拶をした。久美の両親は反対した。それでも「一度中絶したから、もう二度と中絶はしたくない」と説得すると、双方の親も認めてくれた。

だが、幸せはたった四週間しか続かなかった。日曜に腹痛が始まった。すぐに病院に電話をしたものの、「月曜朝に受診してください」と言われた。朝になってすぐに病院に駆け込んだ。駅を挟んだ繁華街側にある大病院の産婦人科、ここで出産するつもりだった。しかし、すでに流産していると告げられ、手術を受けなければならないという。手術内容は中絶も流産も同じだった。細かいところの記憶は途切れている。

強烈に覚えているのは、ピンクや水色のパステルカラーの動物の絵が書かれた壁紙――。麻酔から目覚めた久美の目に飛び込んできた光景だった。

久美はその壁紙を見た時、逆上して泣きわめいた。隣室からは赤ん坊の泣き声と笑い声が聞こえた。流産した女性が、一人でこんな環境で目を覚ますなんてひどすぎる。こんないかにも子どものための壁紙が貼られた部屋なんていくらなんでも配慮がないと憤った。看護師が慌てて飛んできて、なにかの注射を打った。

「この苦しさをいつか誰かに伝えて死んでやる。今は彼もいるし、彼の両親もいるから言えないけれど、彼らが死んだ後まで待っても、いつか必ず私はこのことを世の中に訴えてやる」

久美はそう誓った。中絶のことも、そんな扱いを受けたことも、人に言ってはいけないことだと思いこんでいた。

もう海からは遠い場所にいるけれど、自死してしまった友達を思い出した。

どうしてあの時、私は中絶しないなんて言い切れたのだろう。

それから四十年近く経って、塚原久美は「中絶問題研究家」を名乗っている。そして、中絶に悩む女性たちの話を聞く中絶ケアカウンセラーとしても活動している。

絶対に訴えたいと思った苦しみを、今は中絶に悩む女性たちと分かち合っている。これだけ時間が経ってもなお、配慮のない環境で中絶が行われ、一人ぼっちで目を覚ます女性が多いように感じている。中絶はスティグマであり続け、社会の常識の中で隠さなければならないことに変わりはない。

この四十年間、久美は自分の足で立ち、人生を切り開いてきた。

流産後、恋人とは学生結婚をした。「もう子どもはいないのだから、結婚はやめておきなさい」と久美の両親は反対したが、彼の両親は「かわいそうだから、結婚させてあげましょう」と言った。久美は既婚者として大学を卒業した。

「私が二人の子を殺したんだ」

結婚しても、自分は殺人者だという罪悪感は消えなかった。生まれなかった子に名前をつけ、日記を書き綴った。

それでも生きていかなければならない。久美は「もう二度と子どもは産まない」と決意することで、心に折り合いをつけていく。

翻訳の専門学校に通い、フリーランスで仕事を受けるようになった。産業翻訳から始めた仕事は順調にいき、本の出版もできるようになった。

一方で、三十歳で離婚を決意する。彼のことは大好きで、愛されている実感もあった。だが、彼の愛は真綿で首を絞めるような優しさだった。久美が自動車免許を取得しても、「危ないから私が運転する。あなたはやめておきなさい」と言うような人だった。このままでは共依存関係となり、自由に生きられない、子を殺した分の償いができないと久美は思った。

ただ彼が離婚を了承してくれない。久美は仕事で得た二百万円を手に、何も言わずに家を出た。ほどなくして、彼は久美を見つけ出して、「そんなに離婚したいならわかった」と応じてくれた。友人関係を続けていたが、二年後に焼けぼっくいに火がつき、一緒にマンションを買って復縁することになった。だがマンションの頭金を入れた時に、「これを買ったら、何十年も彼と一緒にいなければならない」と考え、久美はまた逃げる。

それから出会った男性と暮らすために大阪に一年間移り住んだり、ある案件で裁判があったりと、慌ただしく過ごしているうちに、三十代後半になって今の夫に出会った。

「あなたは子どもはもたないの?」

彼は率直に尋ねた。久美は子どもはいらないと決めていたが、素直な気持ちで自分の心を覗いてみると、やはりどうしても子どもを産みたい気持ちがあった。妊娠し、安定期になってから、入籍した。

妊娠はもう怖くなかったと久美は言う。助産院を選び、運動をして、食べ物に気をつけ、身体を整えて、大きな問題もなく出産した。

「この子もいつか死ぬ存在なんだ」

初めてわが子と二人で過ごした夜、そう思った。愛しくて仕方がないのに、なぜか泣けてきた。

久美は母性という言葉が嫌いだった。

広島に原爆が落とされた時、母親が身をもって子の命を守ったなどという話を聞くと、「母性愛をもちあげすぎ」と反発した。自分の母が決してそのような行為をしないだろうと感じて育ってきたからだ。

久美はいつも母の愛情に飢えていた。一歳半の時に弟が生まれ、母の膝には弟がいて、抱っこしてもらった記憶は全くない。母の愛情を試したくて、高校生の時に家出をしたこともあった。だが、母は心配して取り乱すのでもなく、怒るのでもなく、「なにをしに行ったの」と淡々と問うだけだった。

だから母性に懐疑的だったが、いざ自分が妊娠してみると、生まれる前からお腹の中の命をあまりに愛おしく感じ、この子のためなら命を投げ出せると本気で思った。愛情不足で育った分、自分が欲しかった愛情を惜しみなく一人娘に注いできた。

娘が小学校三年生の時に、インフルエンザで四十度を超す高熱が出たことがあった。

「ママ、ママ、わたし、死んじゃう、死んじゃう……」

汗をかきながら、そんなうわごとを口にしている。タミフルによる飛び降りなどの異常行動が報道されていた頃で、娘を一階に寝かせ、久美は娘に必死に訴えた。

「大丈夫だから。全部ママが吸い出してあげるから。大丈夫、大丈夫、あなたは死なない」

高熱を超えるほどの熱量と激しさで久美は娘を抱きしめ、娘の口に自分の口を近づけ、ウイルスが排出された空気を懸命に吸い出した。自分の体全身をフィルターにしようとしたのだ。第三者から見たら非科学的でバカみたいな話だとはわかっている。でも、その瞬間は本気だった。この子を死なせないためには、どんなことでもしたかった。

一方で、母とは絶縁状態になった。父が亡くなったことを契機に今まで溜まっていた問題が噴出したからだった。

父の遺言では、久美夫妻が母を引き取ることになっていた。通夜の夜、弟は酒に酔って、亡くなった父のことを罵倒した。

「それは言い過ぎではないの？」

久美が諫めると、今度は弟は姉を罵倒し始めた。母も、全面的に弟の味方をした。久美は裸足で家を追い出され、一時間以上泣きながら家の周りをさまよった。弟が外に飲みに出た隙に家から荷物を持ち出し、ようやく駅前のホテルにたどり着いた。

それでも、父の遺言もあるし、母を一人にはしておけない。弟は海外に住んでいた。母を引き取るために、久美の家族は所有していた新しいマンションから、部屋数の多い古い賃貸住宅に移り住んでいた。母はその家に数日間滞在し、今後の相談をしようということになった。

久美が台所に立って料理をし、母はその姿を見ながらダイニングの椅子に座っていた。久美が通夜の夜の出来事を話すと、母は言った。

「覚えていない。私は知らない」

久美は激情し、持っていた包丁をくいっと我知らずに持ち直した。母は叫んだ。

「ああ、こんなところにいたら殺される、殺される」

母は階段を這うようにして母のために用意した部屋に逃げ込み、荷物をまとめて出ていってしまった。母と絶縁した瞬間だった。

家族は血のつながりではなく、互いに思いやり、助け合うことで愛情を築き上げていくものだと久美は考えていた。だが、母とはそれを分かち合うことはどうしてもできないことを悟った。

母性とは何だろうか。母性から中絶を考えたい、久美はそう決心して、四十歳を過ぎてから大学院に進学。娘はまだ二歳だった。六年間かけて博士号を取得。その後、ずっと必要だと思っていた中絶した女性たちのカウンセリングの重要性に改めて思い至り、別の大学院に入り直して、公認心理師と臨床心理士の資格を取得した。

大学院修了後は、自治体の相談室に勤務し、今はフリーランスとなって中絶ケアカウンセリングを行っている。

そこで見えてきたのは、女性たちが中絶で抱える罪悪感の本質だ。

「私も自分が子どもを殺したと思っていた。でも罪悪感と言うけれど、キリスト教信者であるために罪悪感をもっているという人は少ない。多くは、社会からの罪悪視を内面化しているだけです」

高校の授業で、中絶手術によって胎児が逃げ回る映像を見せられたとか、テレビやSNSの情報によって、自分の価値観ではなく、社会の視線から罪悪感をもってしまっているように感じた。

「今、私は自分が殺したとも思っていないし、罪悪感もない。悲しかったたし、残念なことではあったけれど」

それでも中絶の話をして泣かなくなったのは、まだここ二、三年のことだという。生まれることのなかった子どもたちにはずっと心の中で話しかけ続けてきた。

「あなたは生まれてきたかったんだよね」

最初はそうやって泣いていたが、中絶は個人だけの問題ではなく、社会としての問題を孕むことを知るうちにだんだんと、「これで良かったんだよね」と問いかけるように変化していった。子どもたちも「それでいいんだよ」と見守ってくれているような思いがした。

久美はカウンセリングでこうやって話している。

選ぶことに後悔はつきまとうだろう。もう一方の選択をしていれば、赤ちゃんを生んでいればどんなに幸せだったかと思うかもしれない。でも、その子を産もうと思っても途中で流産してしまったかもしれないし、病気で亡くなったかもしれない。生まれたとしても反抗して大変だったかもしれない。人は二者択一だと思うから、もう一方を理想化する。でも、人生はいくつもの道に分かれている。一生懸命考えて決めたことであれば、間違っていたと思う瞬間があったとしても、結果的にあの時の決断は間違っていなかったと考えられるのではないかと——。

それは自分自身に対して、かけ続けてきた言葉でもあった。

九月二十八日は、安全な中絶（セーフ・アボーション）を選ぶ権利が保障されることを求めて、世界中の女性たちが統一行動を起こす日である。日本では二〇一九年からこの行動が行われるようになり、久美はその活動の中心的なメンバーの一人となっている。

久美は数年前に行われたタイの学会で、フェミニストの女性たちが壇上に上がって、「アボーションイズオッケー」と右手を高く掲げたことが記憶に残っている。晴れやかな気持ちもしつつ、どこか違和感を感じた自分にも気がついた。その違和感の正体、割り切れなさは日本で生きてきた自分ならではの感覚なのかもしれない。

久美は長年書けないでいた論文をまとめた。掻爬が今も多数派を占める日本の中絶の安全性に反論するものだった。

日本では妊娠初期の中絶については、胎児が入る胎のうを掻き出す掻爬法が大半だが、世界ではより安全とされる吸引法が半世紀前から行われている。さらに世界では中絶薬も普及しており、国際的に安全でスタンダードな方法となっている。WHOも安全な方法としては吸引と中絶薬を推奨している。周回遅れの方法を擁護する日本の医療のありようを問うた。

久美の自宅に、海外からの女子留学生が滞在していたことがある。その女性は日本で中絶を選ぶことになった。母国では認められている中絶薬を手に入れてきて、「一人では心細いので見ていてください」と言われて久美は彼女に付き添った。

中絶は速やかに成功した。罪悪感をもって麻酔をかけられることも、パステルカラーの壁を見ながら一人で目を覚ます必要もなかった。

久美は中絶に悩む女性たちにこう伝えている。

「中絶は生身の女性が一回限りの人生の中で自分の体で経験すること。たとえ産みたいと思っても、一生懸命支えようとしても叶わないこともある。胎児はすごく重い存在で、その命が投

筑摩書房 新刊案内

● 2023. 1

●ご注文・お問合せ
筑摩書房営業部
東京都台東区蔵前 2-5-3
☎03（5687）2680　〒111-8755

この広告の定価は 10%税込です。
※発売日・書名・価格など変更になる場合がございます。

https://www.chikumashobo.co.jp/

猪木武徳
地霊を訪ねる
――もうひとつの日本近代史

日本近代史の舞台を旅し、その土地に沁み込んだ、今は亡き人々が発する無音の声に耳を傾ける歴史エッセイ。日本をあらためて「知る」、その悦びに満ちた傑作紀行。

85820-7　四六判（1月30日発売予定）２６４０円

橋爪大三郎
核戦争、どうする日本？
――「ポスト国連の時代」が始まった

世界を揺るがすプーチン、北朝鮮のミサイル発射、間近に迫る台湾侵攻。核兵器をもつ権威主義的国家による危険な挑戦。平和と安全を守る唯一の道とは？

86481-9　四六判（1月28日発売予定）１６５０円

金子勝
イギリス近代と自由主義
―― 近代の鏡は乱反射する

「小さな政府」と「自由貿易」を掲げ、アジア・アフリカ経済圏を世界市場に組み入れていったイギリス近代。その「経済的自由主義」の虚構性を剔抉した渾身作！

86742-1　A5判（1月28日発売予定）2970円

6桁の数字はISBNコードです。頭に978-4-480をつけてご利用下さい。

赤澤かおり

人生にはいつも料理本があった

有元葉子、栗原はるみ、ケンタロウ、高山なおみ、辰巳浜子、石井好子、辻静雄……20年以上料理本を作り続けてきた著者による、胃も心も虜にされた150冊余。

87916-5　四六判（1月20日発売予定）１７６０円

写真：広瀬貴子

小谷野敦

直木賞をとれなかった名作たち

直木賞をとってしかるべきだった83作品を独自基準で選出。理屈抜きに面白い名作を紹介し、文壇のこぼれ話を交え昭和から現在までの文学史を裏側から描き出す。

81687-0　四六判（1月14日発売予定）２０９０円

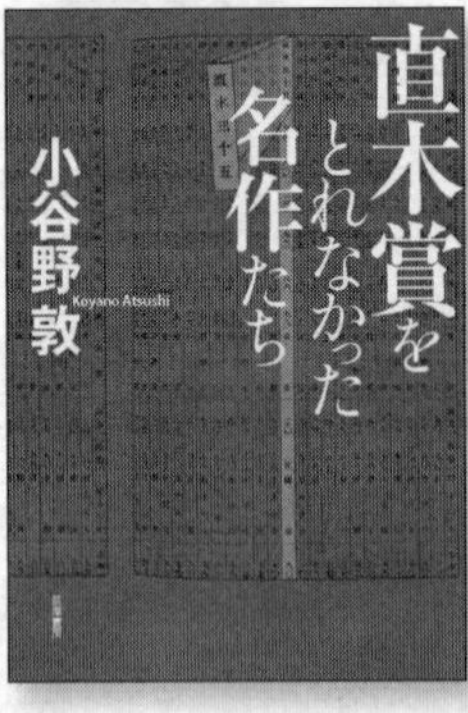

6桁の数字はISBNコードです。頭に978-4-480をつけてご利用下さい。

1月の新刊 ●12日発売 ちくま文庫

生きていく絵

荒井裕樹

●アートが人を〈癒す〉とき

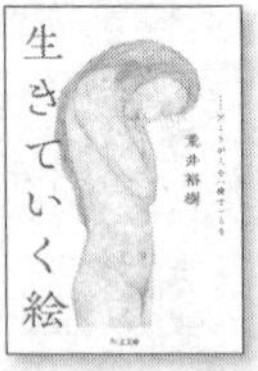

堀江敏幸氏、柴田元幸氏、川口有美子氏推薦！

心を病んだ人が、絵を描くことで生きのび、描かれた絵に生かされる——。生きにくさの根源を照らし、〈癒し〉の可能性をさぐる希望の書。（**堀江敏幸**）

43856-0
990円

十六夜橋 新版

石牟礼道子

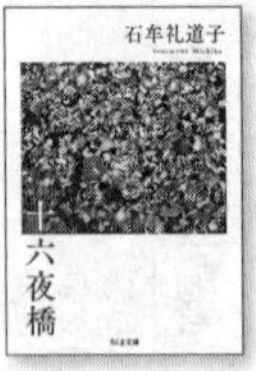

石牟礼道子の名著、待望の復刊！

不知火（しらぬい）の海辺に暮らす人びとの生と死、恋の道行き、うつつとまぼろしを叙情豊かに描く傑作長編。第三回紫式部文学賞受賞作。（**米本浩二**）

43860-7
1100円

韓くに文化ノオト

小倉紀蔵

●美しきことばと暮らしを知る

ハングル、料理、宗教、文学、街……韓国のさまざまな文化について知りたいひとは必読のエッセイ集。『韓国語はじめの一歩』を改題・大幅に増補。

43835-5
968円

銀幕に愛をこめて ぼくはゴジラの同期生

宝田明 構成 のむみち

華やかなスクリーンで大活躍したスタアが、ゴジラ誕生の思い出、撮影所の舞台裏、華麗なるミュージカルの世界、そして戦争体験を語った。（**切通理作**）

43854-6
1320円

死んでたまるか

団鬼六

●団鬼六自伝エッセイ

驚く程に豊かで、強く、愛おしい。「文学界の異端児」が綴る無二の人生——エッセイの名手としての輝きに満ちた傑作が待望の文庫化！（**黒岩由起子**）

43857-7
880円

6桁の数字はISBNコードです。頭に978-4-480をつけてご利用下さい。
内容紹介の末尾のカッコ内は解説者です。

1月の新刊 ●12日発売 ちくま学芸文庫

朝鮮の膳／朝鮮陶磁名考

浅川巧

李朝工芸に関する比類なき名著として名高い二冊を合本し、初文庫化。読めば朝鮮半島の人々の豊かな暮らしぶりが浮かび上がってくる。（杉山享司）

51165-2
1430円

「おのずから」と「みずから」

竹内整一 ■日本思想の基層

「自（ずか）ら」という語があらわす日本人の基本発想とはどのようなものか。日本人の自己認識、超越や倫理との関わり、死生観を問うた著者代表作。

51155-3
1430円

ナチズムの美学

■キッチュと死についての考察

ソール・フリードレンダー 田中正人 訳

ナチズムに民衆を魅惑させた、意外なものの正体は何か。ホロコースト史研究の権威が第二次世界大戦後の映画・小説等を分析しつつ迫る。（竹峰義和）

51161-4
1210円

子どもの文化人類学

原ひろ子

極北のインディアンたちは子育てを「あそび」とし、性別や血縁に関係なく楽しんだ。親子、子どもの姿をいきいきと豊かに描いた名著。（奥野克巳）

51163-8
1100円

Math & Science

数学の影絵

吉田洋一

数学の抽象概念は日常の中にこそ表裏する。数学の影を澄んだ眼差しで観照し、その裡にある無限の広がりを軽妙に綴った珠玉のエッセイ。（高瀬正仁）

51162-1
1100円

6桁の数字はISBNコードです。頭に978-4-480をつけてご利用下さい。
内容紹介の末尾のカッコ内は解説者です。

chikuma primer shinsho

ちくまプリマー新書《さいしょのしんしょ》

★1月の新刊 ●7日発売

418
近畿大学准教授
村山綾
「心のクセ」に気づくには
▼社会心理学から考える

私たちの心の動きはある型にはまりやすい。しかも、その傾向にはメリットとデメリットが存在する。不安やいざこざを減らすために、心の特徴を学ぼう。

68442-4
924円

419
文筆家
猪谷千香
小さなまちの奇跡の図書館

さびれつつあった九州南端の図書館はどのようにして日本で最も注目されるようになったのか？　鹿児島県指宿市の図書館を変えた地元女性たちの大奮闘の物語。

68444-8
880円

好評の既刊　＊印は12月の新刊

富士山はいつ噴火するのか？——火山のしくみとその不思議
萬年一剛　富士山が噴火したら首都圏はどうなるか？
68432-5　924円

哲学するってどんなこと？
金杉武司　自分で考える力を育てる論理的思考の教科書
68426-4　968円

難しい本を読むためには
山口尚　実直な正攻法があなたの読書を変える
68433-2　1012円

ウンコの教室——環境と社会の未来を考える
湯澤規子　文理、歴史の壁を越えたウンコ探究の旅へ！
68434-9　924円

歴史学のトリセツ——歴史の見方が変わるとき
小田中直樹　歴史のどこが面白いのかがこれでわかる！
68436-3　858円

大都市はどうやってできるのか
山本和博　はじめての都市経済学入門
68435-6　946円

SDGsは地理で学べ
宇野仙　地球的課題の解決のためにできることとは
68437-0　880円

君は君の人生の主役になれ
鳥羽和久　皆とは違う自分独特の生き方を見つけよう！
68438-7　968円

「気の持ちよう」の脳科学
毛内拡　あいまいな「心」のはたらきを捉えなおす
68440-0　880円

宗教を「信じる」とはどういうことか
石川明人　「信じる」と「疑う」は本当に相容れない？
68439-4　968円

＊**君たちが生き延びるために**——高校生との22の対話
天童荒太　小説家から若い人へ渾身のメッセージ
68443-1　924円

＊**「覚える」と「わかる」**——知の仕組みとその可能性
信原幸弘　人間の知能の基本からその可能性までを探る
68441-7　880円

6桁の数字はISBNコードです。頭に978-4-480をつけてご利用下さい。

げ出された時にあなたは支えようとするかもしれない。それでもいくら手を伸ばしても届かなかったり、重みを支えきれなかったり、指の間をすり抜けていってしまうこともある。足りなかったのは、体の状態かもしれないし、経済や社会的な状況、関係がもてないことかもしれない。でもあなたが悪いわけではない」

欲しかった母の愛情を、次の世代の女性たちに注いでいる。

娘とも中絶の話を早い段階からしている。母が中絶を経験していることを、幼い頃から娘は理解していた。

娘との関係は良好だ。娘は両親から愛情を注がれていることを理解し、幸せだとおおらかに受け止めているようだ。将来はいつか自分も女の子を一人だけ産みたいと夢を語っている。

久美は最近、娘の胸で号泣したことがあった。人生で初めてのことだった。

「本当はママも自分の母親の胸の中で泣きたかった」

泣きながらそう打ち明けていた。

〈人間が不幸なのは、自分が幸福であることを知らないから、それだけです〉

ドストエフスキーは『悪霊』(江川卓訳、新潮文庫)で書いていた。今、自分は幸せなのだと久美は思う。娘は黙って、母をしっかりと抱きしめていた。

ただ家族として

話を聞きたいと思ったきっかけは同性婚訴訟だった。同性同士の結婚が認められないのは憲法違反として、札幌、東京、名古屋、大阪、福岡の全国五つの地裁と高裁で裁判は進んでいた。原告らは同性婚の法制化を求めていた。

裁判で紡ぎ出される原告たちの言葉は悲哀に満ちている。

原告のパートナーが乳がんの手術を受けた時、法律上の家族ではないために、いとこだと病院にうそをついたこと。子どもがパートナーについて書いた作文に教師から「この人は誰」としるしをつけられ、それから子は家の外でパートナーについて話さなくなったこと。「夫夫《ふうふ》になりたかった」と今は亡きパートナーについて訴え、「おかま」「ホモ」と周囲に揶揄されてきたことを話す人もいた。

それらは、選挙の争点のようにきれいに洗浄された「社会問題」ではなかった。紡ぎ出されるのは、代わりがきかないたった一度きりの、それぞれのかけがえのない人生を傷つけてきた言葉だった。

法制化が認められないまま暮らす子どもたちはいまどう思っているのか。様々な家族の姿を知りたくて、子どもを育てるLGBTQ＋の団体である「にじいろかぞく」に連絡した。多様な経歴が描かれる運営スタッフの自己紹介の中から、この人に話を聞きたいと思ったのは、葉月だった。なぜならわが子とほぼ同じような年齢の子を育てていると書かれていたからだ。

私は小学生になった子どもとの関係に悩んでいた。世の中のことを理解し始め、家族という小さなコミュニティから社会との関わりに心の比重が移ろうとする年代だ。私が親のことを初めて「恥ずかしい」と感じたのはその頃だ。他の家との比較、他の親との比較、友達との比較。わが子もまた比較し始める難しい年齢になろうとしていた。

私は自分が救われたいがために、葉月に話を聞きたかったのかもしれない。

葉月は大阪に暮らす四十歳の女性で、八歳になる娘のまひろと三歳下のパートナーと三人で暮らしていた。まひろは葉月のことをお母さんと呼んでいたが、最近は「はっちゃん」と呼ぶようになった。パートナーのことは「なおちゃん」と呼んでいる。

ミシンがリビングに置かれた自宅は明るく、清潔だ。本棚には、「まひろちゃんのえほん」と書かれた手作りの絵本が大切に置かれている。表紙を開くと、茶色の髪の長い女性と、黒い髪の女性がにこやかに小さな子どもを見守っている姿が描かれる。傍らには猫もいる。

葉月とパートナーは、二〇〇八年から一緒に暮らしてきた。

〈まひろちゃんがおうちにくるまえ、ママとなおちゃんとねこさんはいっしょにくらしていたよ。

ママが「おうちにあかちゃんがきてくれたらいいなぁ」とおもったら、なおちゃんもさんせいしてくれたよ。

いろんなことをたくさんおはなししたんだ〉

このような書き出しから始まる絵本は、パステルカラーの優しい色合いで書かれている。

〈でも、ママもなおちゃんも「おかあさんのたまご」しかもってない。あかちゃんがうまれてくるには「おとうさんのたまご」と「おかあさんのたまご」がりょうほうひつようなの〉

きょろきょろとたまごを探す母。そしておとうさんが登場する。

〈まひろちゃんのおとうさんはじぶんのあかちゃんがうまれてきてくれたらしあわせだとおもったんだって〉

「おとうさん」と出会ったのはインターネットだった。葉月は結婚するつもりはないが子どもがほしいことを明言し、協力してくれるゲイ男性を探していた。

何人もの人とメールのやり取りをした上で、実際にファミレスやカフェで会ったのは三、四人だった。

相手を選ぶのは「恋愛のパートナーではないけれど、子どもに対する考え方などパートナーを選ぶ基準と同じだった」と葉月は言う。血液型も遺伝も気にしなかった。感染症などの検査は互いにし、それよりも大切だったのは人間性だった。

たとえば、精子提供のボランティアがあることも知っていたが、子どもには「あなたは父親にあたる人に望まれて生まれてきた」と伝えたかったのだという。

だから、「おとうさん」となる男性とは、共に過ごす時間を大切にした。葉月のパートナーを含めて三人で映画を見たり、クラシックのコンサート、美術展などにも行った。そういった当たり前の友人関係を一年ほど続け、人となりが理解できたと思ったところで、妊活に入った。

最初の半年は彼に採取してもらった精子をシリンジで自力で注入するという方法を試した。だがなかなかうまくいかなかったため、産婦人科で人工授精を受けることにした。費用は一回二万から三万円で、七回ほどのチャレンジの末、ようやく子を授かった。

絵本には、まひろが葉月のお腹の中でおおきくなっていく様子、エコーで小さな心臓がチカチカひかるのにみんなが感動した気持ちなどが描かれる。

出産にはパートナーが立ち会った。「おとうさん」も病院に会いに来た。

〈にがつ　まひろちゃんはとうとうおなかのそとにでてきたよ。ぷりっぷりげんきでとってもかわいい！〉

祖父母や周りの人から祝福されている様子も描かれる。

葉月が両親に子どものことを話したのは、妊娠した後だった。妊娠前に話すと反対されるかもしれないと思ったからだ。

両親にレズビアンであることをカムアウトしたのは高校生の頃だった。

世界に対して持っていた違和感は、思春期になるとますます大きくなっていった。人と自分が違うのはわかっている。セクシュアリティのことだけではなく、学校という場所に適応するのはしんどかった。ただ表面的には反抗をすることもなく、むしろ優等生だった。

「隠すことは、そのことを言わないだけじゃなくて、積極的にも消極的にも何かしら嘘をついたり、ごまかして生きていくことだ」

葉月は、異性愛者の自分という別のキャラクターを影武者のように用意して、二重の人格を使い分けて生活していた。だからか、どこか生活に現実感がない。中学校や高校などに対しての所属感や愛着をもてずに、「ちゃんとここにいない感じ」をいつも抱えていた。

「周りの人を見ると、ちゃんとここにいる、自分の所属している世界にちゃんと愛着を持っていることを知りました」

いつも疎外感を感じていた。今ここにいる自分は真の自分ではない。それでは本当の自分はどこにいるんだろうと探していた。嘘をつかないで、自然体で生きられる場所はどこかにないのか。

そんな息苦しい現実感のない毎日の中に、転機が訪れる。高校生の時に、レズビアンやバイセクシュアルのための雑誌を読んだ。インターネットもない時代だったので、その衝撃は大きかった。

「こういうのは自分だけやないんや。女性同士で一緒に暮らしている人もいっぱいいるんやと思いました」

自分だけではないと感じた時に、もう隠すのをやめようと思った。同じ高校に同性の恋人ができた。学校では嫌なことを言われることもあったが、堂々と母にも紹介した。カムアウトは大きな出来事だが、思いの外、母は偏見を持っていなかった。母の友人に、同性同士で付き合っていた友達がいたようだった。

今思えば、幼い頃から自分を偽ることなく、何も隠すことなく、暮らしていられたら、もっと素直に生きてこられたのかもしれない。

実家は、葉月がパートナーと暮らす家から数駅の近さだったが、出産後の育児を手伝ってもらうことはかえってストレスになると思った。付かず離れず、時々会うくらいが良い距離感だろう。母とは仲が悪いわけでもないし、嫌っているわけでもない。ただ、どうしても子どもに対して支配的なところがあり、息苦しさを感じて育ってきた。

生まれた娘には、母のようにはならないでおこう、支配したりコントロールしたりしないでおこうと決意した。

〈それからまひろちゃんはどんどんおおきくなった。たくさんの「はじめて」があって　いろんなことができるようになって　たくさんおしゃべりもできるようになった。ママもなおちゃんもまひろちゃんととってもなかよくなれてうれしい〉

絵本には、幼い子どもの成長の喜びが描かれる。ハイハイからつかまり立ち、初めての離乳食と歩いた日。それを嬉しそうに見守る母となおちゃんの姿が印象的だ。

この絵本を、葉月はまひろが二歳になった時に作った。まひろは小さい頃から保育園に通っていたため、そろそろ他の家との違いを意識してくる頃かと思ったからだ。同性婚訴訟では家族の形を子どもに伝えられなかった原告の話も出てきたが、葉月は絶対に自分の口で説明したいと考えていた。そのためには、「父＋母＝子」という家族の形が当たり前だという価値観がまひろに形成される前に知らせた方がいいと思った。

葉月は文章も絵も自分の手で書いた。その絵本をまひろにはじめて読み聞かせると、まひろは自分が登場する物語をとても気に入って、幾度も読んでとせがんだ。自分で字を読めるようになると、時々取り出して一人で読むようになった。

「にじいろかぞく」では、LGBTQ+で子をもつ人やこれから子どもをもつことを考えている人たちの集まりを定期的に開催していた。嫌な思いをしたことを周りに話して楽になったり、悩みを共有したり、子育ての喜びを分かち合ったり、互いの子の成長を見守ったりしている。

コロナの感染者が減って久々に皆で集まった時、今まで葉月の横でじっとしていただけのまひろが急に話し始めた。

その日の話題は、家族の形を学校にどう説明しているかだった。仕事の都合でカムアウトに慎重になり、パートナーの存在をいとこやきょうだいだと偽ったり、子どもにもはっきり説明できない人たちもいた。それぞれの事情は異なっているが、参加者は互いの体験を分かち合うことで支え合っていた。

葉月は、授業参観も運動会も、パートナーと共に参加していた。学校の先生には同性パートナーであるという事情を説明したが、他の保護者には隠すことはしないものの「この三人で家族なんです」とだけ伝えて、どんな関係か詳しくは話していなかった。

自分の番が回ってきた時に、まひろはこうはっきりと言った。

「うちの場合は、ママとなおちゃんがいるだけだと普通に言っています」

以前、まひろは英語教室で先生からお父さんとお母さんの名前を聞かれたことがあった。どう答えればいいかわからず、困惑して帰ってきたまひろに、葉月はいろいろな家族がいることを紹介したアメリカの絵本を見せた。

「うちの家族はこれに近いかな」

まひろは嬉しそうに、女性二人が並んでいる絵を指した。次の英語教室には、その絵本を持っていき、自分の言葉で「父親の名前を聞かれても困る理由」を説明したという。

まひろには「おとうさん」の記憶がない。最後に「おとうさん」に会ったのは、まひろが一歳の頃だった。それから、彼の事情でまひろは会えなくなっていた。

「おとうさんに会ってみたい」

絵本を読んでもらうようになると、まひろは幾度かせがんだ。

だが、「今はちょっとむずかしいねん」と葉月が答えてから、もう父に会いたいと言わなくなったし、話題にも出さなくなった。

「気を遣わせてしまったのかもしれない」

葉月はそう思う。彼とは連絡を取り続けている。いつか「おとうさん」に会える状況になれば、今度こそ会わせてあげたいと願っている。

もしも母である自分が死んでしまったらまひろはどうなるんだろう。

葉月はそんな不安をずっと抱えてきた。万が一の時には、法的には葉月の母が娘を育てることになるのだろう。パートナーとまひろは、何ら法的な関係はないからだ。

だが、まひろは自分となおちゃんの二人を親だと思っている。もしも自分がいなくなれば、なおちゃんと暮らしたいと言うだろう。それでも、無理やり引き離されることだってあるかもしれない。

現状は、葉月の両親は理解してくれており、よほどのことがない限り大丈夫だと思っている。幼い頃は心配だったが、もうまひろは自分の意見が言える年齢になってきた。とはいえ、今後のことはわからない。

自分が亡き後の子どもの心配は、母であれば誰もが一度は考える問題かもしれない。法的な支えがないだけで、その不安は増大する。

子を生む前は、メディアに顔や名前を出していたこともあったという。だがまひろが生まれてからは、表に自分が出なければいけない活動は難しいと思っている。子どもが小さいうちは、母と子は一体として考えられがちだ。自分が表に出ることで、まひろにとって望まないアウティングになる可能性もある。

だから、今は顔を出しての活動はできないが、訴訟は応援している。もしも同性婚が認められたら、結婚するつもりだ。二〇二一年の衆議院総選挙でも、同性婚訴訟は夫婦別姓と共に大きな争点となった。

社会が大きく動き始めていることを実感している。

それでも、これからまひろは難しい年齢にさしかかろうとしている。そしてどんな思春期を迎えるか、心配はないのだろうか。

「これまで様々なセクシュアリティの人に出会ってきた背景があるので、急に気持ち悪いなんて思わないでしょう。ただもしかしたら、今は素直に同性の親が二人いる家族を受け入れてくれている友達から否定的なことを言われる日が来るかもしれない」

そう言いながらも、葉月は楽観的だ。

「LGBTQ+の家族なんておかしいという考えの人もいたり、夫婦が同じ名字でなければならないという意見の人もいるんや」

同性婚に否定的な意見があることも娘に説明しているという。いろいろな考え方を知っていれば、急にびっくりすることもないだろう。それに最近の子どもは多様性に敏感だ。

自分たちがLGBTQ+の家族であること、定形家族でないことに負い目はもったことがないと葉月は言い切る。私はいつも些細なことで子どもに負い目ばかり感じていたので、その姿はまぶしく感じる。

「子どもを産む前の方がいろいろな心配をしていました。でも、今実際に八年間子どもと暮らしていると、そういう心配も負い目もない。私がいて、パートナーがいて、子どもがいるという家族形態に負い目をもったことは一度もありません」

自分たち二人が親であると、まひろにあらたまって説明したことはなかった。それでも親だとわかってくれていることは、言葉の端々から感じるという。

「あなたたち二人が私の親なんでしょう」

他愛ない会話で、まひろはそう言う。

パートナーにも、すぐに親だという自覚が芽生えたわけではなかった。自然と関係を築いていってくれればいいと葉月は思っていた。

「でも実際に一緒に暮らして子育てをしていると、家の中の一番弱い人、つまり子どもを中心にして生活するようになる。そうすると、親としてという以前に、大人として娘と対峙しなければならなくなる。子に対しての自分の影響力を感じたり、自分で決めなければならなかったりすることがいくつもあって、だんだんと親になっていきました」

父でもなく母でもないなおちゃんも、母である葉月と変わらない重さで、まひろにとっての親となっていた。


誕生日には、いつも折り紙で壁に飾り付けをする。まひろの八歳の誕生日の一ヶ月後に、葉月とパートナーの誕生日があった。

まひろの顔に似せた折り紙が壁に貼ってある。その横には、葉月となおちゃんの顔の折り紙が並ぶ。

まひろは、二人の顔の折り紙の間に「＋」の記号を貼る。そして「＝」記号の後に自分の顔。周りには猫の絵もある。まひろは言う。

「ママとなおちゃん二人の要素があって、二人の親がいて、自分がいる」


母のように支配的に子どもに接したくないと葉月は思っていたのに、ふと気づくとそっくりで、声まで似ていることに苦笑する。

まひろのすべてを受け入れてあげたいけれど、どうしてもダメ出しをしてしまったり、「早く」とせかしたりしてしまうこともある。

今の気がかりは、就寝時間が遅くなってしまうことだという。学校から持ち帰る保健だよりには八歳児は何時間寝なくてはいけないと書いてあるのに、睡眠時間が足りていない。葉月はフルタイムで会社員として働き、仕事から帰ってからまひろにご飯を食べさせ、風呂に入れて、宿題を見て、習い事の練習をさせる。でも、もし自分だったらそれだけの毎日は嫌だから、自由な時間も与えてあげたい。そうするとどうしても寝るのが遅くなってしまうと反省する。

そこにあるのは、LGBTQ+や同性婚とは関係ない、どこにでもいる親が抱える、平凡で、そして平和な悩みだった。他者との比較も、隠し事もない。互いを思いあって生きる生活がある。

「淡々と、毎日をただ淡々と、生活していく。その時間を大切にしたい」と葉月は思っている。

まひろもまた、ご飯を食べに行ったり、旅行に行ったり、何気ない日常の中でしみじみとこう言う。

「このメンバーで良かった」

まひろがこの家族を気に入ってくれていることに葉月は安堵する。

不完全な女たち

アスファルトに転がる蟬の死骸はどこへいくのだろう。

その年はひどい猛暑で、蟬の鳴き声にうんざりする夏を送っていた。

だが、夏も終わりになろうとすると、今度はその死骸に気を取られてうまく歩けなくなる。土があるところならいい。けれど、都心の灼熱のコンクリートの塊の上で命を終えた蟬はどうなるのか。

汗をかきながら、子どもの手を引いて向かったのは子ども服店のファミリアだった。どこの地方の言葉なのだろう、初めて聞く方言が特徴的な店員の女性がいて、その接客になんだか癒やされる思いがした。しかし、店の前にも蟬の死骸は落ちている。

その店の服は、すぐに小さくなってしまう子ども服にしては値段は高い。シャツから靴下まで一気に買うと、数万円にもなった。来年はもうサイズが合わないだろうし、夏も終わりで、この服を着られるのもあと少しだけだろう。

それでも、躊躇はなかった。私は盆過ぎの蟬のように、焦燥感にかられていた。その場でタグを切ってもらって、更衣室で子どもを着替えさせた。着てきた服は無造作に丸めて紙袋に放り込んだ。

「服が汚いんですよね」

子どもがふだん通う幼稚園は、夏休みは休園となる。その夏の間だけ、一時保育として預けていた保育施設のスタッフからそう指摘された。

確かに、子どもは、同じ服ばかりをしょっちゅう着ていた。襟付きの水色のシャツで、赤色でいろいろな動物が描かれている。

服がないわけではなかった。他の服を着たらと勧めても、子どもはそればかりを好んで着たがっていた。だから、洗濯しすぎたシャツはへたっている。

それでも、本人が着たいと主張するし、どうせ保育所の外遊びで泥だらけになるから問題ないだろうと思っていた。しかし、スタッフからするとそれは不適切な親の態度に映ったのかもしれない。

その保育所は、都心に位置するにもかかわらず、広めの敷地をもっていて、蟬の鳴き声が響いていた。料金も比較的安い。

それなのに、保育されているのはだいたいわが子一人だけで、時折0歳児の赤ちゃんが一人か二人いるかいないかだった。当時は保育施設の不足が叫ばれていて、地域では、マンションの一室で運営されているような保育所でもいつもぎゅうぎゅうに子どもで賑わっていた。

それに比して、なぜそんなに子どもが少ないのか不思議だった。そのひと夏だけ、一ヶ月も預けていないので、夏休み期間中は保育する人数が少ないのか、それとも通常からそうなのかはわからなかった。どうせ夏を過ごすなら、マンションの一室よりも広々とした場所のほうが子どもにとっていいだろうと思っていた。

しかし、「服が汚い」という言葉を投げかけられるだけではなく、迎えに行くと、いつもスタッフはうっすら笑顔を作りながら何かを探るような態度をとった。

「お母さんはどこにお勤めですか」

フリーランスだと答えると、スタッフは何だか困ったような顔をした。

別の日は、帰り際に子どもが作ったという作品を見せてくれた。

「ダンボールでこんな家を作ったんですよ」

それは子どもばかりか、大人も入れそうな巨大なダンボールの家だった。幼児が一人で作ったとは思えないほどの大作である。

「持って帰りますか？」

スタッフに言われたが、こんな大きなダンボールを持って帰れるわけがない。礼を言いながら断ると、彼女はまた責めるような顔をした。

「こんなにすごいものを作ったのに……」

保育士は、私が不適切な育児をしているのではないかと疑っているかのようだった。父親が保育所に朝送っていった時には、子どもの足のあざはどうしたのかと事細かに尋ねたという。幼児が転ぶこともできないのか。それから恐ろしくなって、私は子どもが転ばないか細心の注意を払うようになった。

閑散とした保育所に続く道にも、大量の蟬の死骸が落ちていた。

「保育所は楽しい？　明日も行く？」

子どもにそう尋ねると、

「楽しい。行く」

と答えた。翌日は庭にビニールプールを出して遊ぶとも聞いていた。気がかりはあるものの、家にいるよりは楽しいはずだろうと私は自分に言い聞かせた。

だが、私は見ないふりをしていただけで、子どもの本当の気持ちに気づいていたのかもしれない。


なぜその夏休みだけ、子どもを保育所に預けたかといえば、私は大学院受験を控えており、その受験準備のためだった。

集中的に取り組んでいた仕事が一段落つき、本格的に受験対策の勉強を始められたのは、試験まであまり日にちがない時期だった。それからは眠る時間を惜しんで勉強した。願書はすでに出してしまっているため、落ちるわけにはいかないと焦っていた。

子どもが保育所に行っている間は図書館で勉強し、保育所に夕方に迎えに行って夕食を子どもと食べ、あとは父親に頼み、それから朝まで開いているスターバックスに行って、空が白み始める明け方までひたすら勉強した。

課題図書の読み込みもあったが、私にとっての難関は英語だった。大学を卒業して以来、二十年ほどほとんど英語と関わっていない。時間内に問題を全部解くことさえできずに、試しに受けたＴＯＥＦＬでは無残な点数をとっていた。

深夜のスターバックスは不思議な親密さをもった空間だった。それまではどこにでもある普通の店の様相が変わるのは、終電車がなくなってからだった。

大学生が友だちと資格試験のような勉強をしていて、女の子とつきあうなら「運動部の子じゃないとだめだ」と話していた。晴れた日でもいつでも傘をもった高齢者は、毎晩その硬い椅子で座ったまま眠るために来ていた。日雇い労働に早朝から向かうために待機している老夫婦も常連だった。一方で、私と同じような中年女性で、本を読むことも勉強することもスマートフォンを見ることさえなく、ただ一晩中ぼんやりとしているだけの人もいた。

私たちは互いに話したりすることはなかったが、夏の間、毎日のように深夜にそこで顔を合わせていた。帰る家があろうとなかろうと、若くて健康な学生であろうと疲れ切った私のような中年であろうと、その夏に何らかの事情で、そこにとどまらなくてはならないという点において似通っていた。

私には帰る家があった。

そこにはかわいいさかりの子どもが眠っているだろう。

けれども、その時の私は行き場所なんてどこにもないように思っていた。

私は不適切な育児をしているのだろうか。

子どもに高い服を買い与えて、転ばないように神経質に見守ることが本当に適切な育児なのだろうか。

そもそも適切だとか、不適切だとかは誰が決めるのか。

明け方に帰っても、六時に起きて朝食の準備をした。栄養のバランスを考えて、納豆とサラダと焼き魚は欠かさなかった。子どもはもともと食も細い上に野菜を嫌がっていて、朝食にはずいぶん時間がかかった。だからいつも朝は急がせなければならなくなり、なんとか着替えをすませて、保育所に送り届けるだけで一苦労だった。

その保育所だって、無理やり行かせているわけではない。子ども自身の意思を確認して、行きたいかどうか必ず聞いていた。

私は、何を間違えていたのだろうか。

その誤りに気づいたのは、一冊のマンガがきっかけだった。よしながふみの『愛すべき娘たち』(白泉社)を読み、私は自分の過ちに気づいた。本当は気づいていたことが、言語化されて目の前につきつけられたとも言える。

物語は、主人公の雪子と母である麻里を基軸に、その友人たちや、雪子の祖母にもさかのぼり、母と娘の姿を描くことで進行していく。

五話からなる連作短編で、第一話は雪子の回想から始まる。シングルマザーとして働き、仕事で疲れて帰ってきた麻里は、部屋を散らかしっぱなしにしていた雪子の背中を蹴飛ばして、「わざとぐずぐずやらないのっ!!」と小言を言う。そして散らかった本をすべて捨てると言い出す。

まだ学生だった雪子は、図書館の本まで捨てようとする母に反論する。

「ねえどうして!? どうしていつもお母さんはそうなの!? こういうのって八ツ当たりだとあたし思うの!!」

すると母である麻里は、「え？　そうよ　八ツ当たりよ　それのどこがいけないの？」と言って、こう続ける。

「親だって人間だもの　機嫌の悪い時くらいあるわよ！　あんたの周囲が全て　あんたに対してフェアでいてくれると思ったら　大間違いです!!」

親だって子どもに対して八つ当たりすることもあれば、フェアになれないこともある。そんな当たり前のことに、私はどうして思い至らなかったのだろう。


あの夏に子どもが保育所に行きたいか確認したというのは、私の言い訳だった。子どもが行きたかろうが、行きたくないと言おうが、私自身が自分の仕事のために、さらには受験準備のために、子どもに保育所に行ってもらわないとどうにも時間がとれないと思っていた。それなのに、子どもが長い夏の間、家にいて退屈だろうからと、言い訳をしていたのではないか。

考えてみれば、いつも批判された時の言い訳を自分自身は用意していたのかもしれない。私は子育てに自信がなく、子に対する接し方がこれでいいのか、本当に正しいのかいつも不安を抱えていた。誰かから責められるかもしれないと過度に怯えていたのかもしれない。

そして、もしも不適切な子育てをしていると言われた時のために、それでもしっかりと栄養バランスの取れた食事を与えているとか、子どもを寝かしつけてから睡眠時間を削って勉強しているなどと予防線を張っていたのだろう。

だが、そこまで無理をしなくても良かったのではないか。野菜が苦手なら、そんなに毎回食べさせなくても良かったのかもしれない。子どもの前で一緒に勉強しても良かったかもしれない。

無理をして、背伸びをして、自分の考えるあるべき母親像に無理やり己を押し込めて、息が苦しくなっていた。それは何よりも子ども自身を苦しめていたのではないか。

マンガはオムニバス形式になっているが、最終話はまた麻里と雪子の物語に収斂する。麻里は容姿にコンプレックスをもっていて、自分は美しくないと言い続けてきた。それは麻里の母からずっと「出ッ歯だ、顔がニキビだらけ」と言われ続けて育ったからだという。幼少期から、母は弟を贔屓《ひいき》して、麻里ばかりを理不尽に叱った。しかし、そう麻里が指摘すると、母は泣いた。

「あなたのためを思ってじゃないの…っ!!」

麻里はそこで決意する。

自分が親になったとき、自分もきっと完璧な親じゃない。

八つ当たりで怒ることもあるだろう。

でもその時に、「あなたのためを思って」なんて嘘はつかないのだと。

場面は現代になり、娘の雪子は祖母と昔のアルバムを見ている。祖母は自分の女学校時代の写真を見て、「娘十八　番茶も出花　なんて言うけれど　おばあちゃん　こうして見ても　やっぱり　おかめだねえ…」と言う。

そして、こう続ける。

「でも　おばあちゃん　こういうのん気な性質でしょう　鈍い所があるおかげで　あんまり気

にしないで済んだのね　きっと」と。

一方で、雪子は可愛いらしい少女の写真を見つけ、誰なのかと祖母に尋ねると、幼い頃の母だという。「とっても可愛かった」と。

ではどうして母に可愛くないと言い続けたのかと問う雪子に、祖母は言う。

女学生のときに美人なのを鼻にかけて、自分を傷つけた同級生がいた。結婚して子育てをしているうちに、その同級生のことは忘れていたが、娘の麻里が自分の容姿が良いことに気づいて得意そうにしている姿を見て、「とっても生意気そうな嫌な顔だった」と祖母は大きく顔を歪める。

「わたし　これ以上この子　ちやほやされたら　この子は駄目になってしまうと思ったの」

「だからわたし　それから　麻里の事はわざと顔を褒めないようにしてきたのよ」

祖母は自分のコンプレックスを消化できずに、娘に八つ当たりしていたのだ。その言葉を聞いた雪子は思う。

「母というものは　要するに　一人の不完全な女の事なんだ」


本を閉じてから、私は小学生になった子どもにあの夏のことを尋ねてみた。

「あの保育所で何があったの?」

子どもは「あんまり思い出したくない」と言いながらも、語り始める。

「いっつも一人だった。いっぱい先生がいるのに、誰も遊んでくれずにずっと一人でぼーっとしていた」

「ダンボールでおうち作ったりして楽しかったって言っていたじゃない?」

私は巨大なダンボールの家を思い出す。そのダンボールハウスのことは、子どもも覚えていた。

「あれは誰も遊んでくれないから仕方なく一人で作った。お昼寝の時間に眠りたかったけれど、なんだかあんなところで眠りたくなくて、だだっ広いところで一人で眠るのが恥ずかしくて、だからダンボールの家を作ってその中に入って寝た」

それは私にとって、初めて聞く言葉だった。

大きなダンボールの家を作って楽しかった、明日も行きたいと言っていたのは本心ではなかったのだ。

「本当はあんなところ行きたくなかった」

では、どうしてその時は行きたいと言ったのだろうか。私が尋ねると、子どもは目を見て答えた。

「子どもは本当のことを言えないものだよ」

私は自分の子ども時代を思い出す。確かに、母には本当の気持ちを言えないことがたくさんあった。それは嘘をつきたいわけではなくて、心配かけたくなかったり、恥ずかしかったりしたからだ。

「もし嫌なことがあったらこれからは言ってね」

私は子どもにそう声をかけると、こう答えが返ってくる。

「もうがまんしないことにしたから。何でもはっきり言えるようになったから大丈夫」

その言葉を聞いて、私は安堵しながらも、しかし本当はそれも強がりであり、子どもなりの気遣いだと気づいている。

「それにお母さんは仕事や勉強が大変だから」

子どもは私にそう言ってくれた。しかし、子どもに慮《おもんぱか》ってもらうのではなくて、私がもっと子の立場にならなければいけなかったのだ。

ただの一人の不完全な人間でしかないことを認められないから、私は苦しかったのだろう。そのことを認めてしまえば、別の向き合い方ができるのかもしれない。

しかし、子どもは私を責めようとはしなかった。

『愛すべき娘たち』で、麻里は「子どものために」という欺瞞を絶対に言わずに本音で娘に対峙し、自分の人生を生きようとしていた。そして、自分が母からけなされてきたからこそ、子どもの容姿を批判することは絶対にしなかった。

私自身は、きっとこれからも間違い続け、不完全な母であり続けるだろう。また知らず知らずに、子どもを傷つけてしまうに違いない。それでも、「あなたのために」という言葉だけは言わないようにしたいと誓った。

そして知ったのは、本心を話すためには親子の会話があれば安心なわけではないということだった。問題を話し合うだけではない、何気ない日々の穏やかな会話、時間の積み重ねが足りなかったのかもしれない。

保育所に行くか行かないか、何がしたくて何が嫌なのか、ではなく、きっと子どもはもっといろいろなことを私に話したかったのだろう。それはつらいことや悲しいことだけではなかったはずだ。

いつもの通学路で工事をしていたことや、銀杏を踏んだ時のにおい、光は角度によって色を変えること、季節によって移り変わる雨の音の違い、普段とは違う夢を見た朝の気分だったのではないか。

何気ない風景や気持ちの動きをゆっくりと向き合って共有する時間。それは幼い頃に私が母に話したかったことだと気づいた。

母の背中

「飛行機を見るとどこにでも行けるのだと安心する」

その母はつらいことがあると、羽田空港に車を飛ばして何時間でも飛行機を眺めていた。だが空港ビルに入ることはない。これから旅立つ人たちの楽しそうな様子に耐えられなくなりそうだからだ。

「お母さん、飛行機に乗って好きなところに行けばいいでしょう」

娘は度々そう勧めた。母は図書館で旅行雑誌を借りてきて、幻の旅行プランをいくつも作っていた。あとはチケットを買うだけだ。

「でもあなたがいるし、ご飯を作らないといけないし、お父さんも困るから」

母はそう答え、飛行機に一度も乗ろうとしなかった。


「母が失踪した」と志賀志穂から打ち明けられた時に、私がまず思ったのは「見送ってばかりの飛行機に、ようやく乗れたのだろうか」ということだった。

志穂と夫である将士、そして二歳の男の子「Kちゃん」が暮らすのは、「徳島のハワイ」と呼ばれる海部郡の日和佐という町だ。お遍路で知られる四国八十八箇所の一つ薬王寺を擁する。彼らに会う前にこの寺に立ち寄ると、チリチリと鈴が鳴るような規則正しい音が聞こえてくる。仁王門をくぐった先にある「女厄坂」と呼ばれる急な階段では、前を歩く若い女性が一円玉を階段の一段ごとに落としていた。その先にある男厄坂、還暦坂にも一円玉が無数に散らばっていて、小さい子どもと母の親子遍路の姿もある。坂の上にある朱色の瑜祇塔からは、海亀が産卵する日和佐の雄大な海が見渡せた。

志穂と将士は二人とも埼玉県出身で、生後一ヶ月から里子として一緒にいたKちゃんと特別養子縁組をし、法的にも正式な親子と認められたことを契機に、この町に移住してきたという。町の空き家再生制度を利用して、古いけれど丁寧に手入れされた空き家を借りた。初めて部屋に入った途端、畳の上をざざっと何かが横切った。それがカニだと知った時、驚いて助けを求めた。近所のおばあさんは「そんなもん足で踏みつければ大丈夫」と笑った。

隣の人の顔も知らないような流動的な大都市で里親として子どもを育てる困難は、一つずつはささいなことであっても育児の日常にちりばめられていた。里子の出自に関する事は子どもの安全を守るために安易に言ってはいけないルールがあるため、「産院はどこ?」と聞かれて困ったこともあった。また、里子の特別な医療証を小さなクリニックの待合室で出すと、「虐待の子が来た」と医療従事者から大きな声で言われたこともあった。里子であることを問題視され、体操クラブをやめるように他の保護者から言われた里親もいた。

「一番大切な前提として、特別養子縁組や里親制度は子どもを望む夫婦のためにあるのではなく、子どもの命を守るための制度だということです」

と志穂は言う。

昨今は制度の認知度もあがった。里親や養子縁組、乳児院や児童養護施設など、子どものための制度は必要だということには皆が理解を示してくれる。しかし、そのことと、複雑な背景がある子どもたちがわが子の友達になるのとはまた別の話だというのだ。

「社会的養護が必要な子どもたちを知らないから不安という気持ちは、私も小さな子どもの親なので痛いほどに理解できます。ただ地域の育児コミュニティでは、善良で悪気のない排除をされてしまうことが多かった」


社会的養護とは、保護者がいなかったり、保護者に監護されることが適当でない児童を、公的責任で里親などが社会的に養育し保護するとともに、養育が困難な家庭への支援を行うことを指す。親と暮らせない理由は主に虐待での保護、さらに親の病気や服役、経済的理由などで、様々な背景を子ども達は抱えている。

Kちゃんとの出会いは、NICUで入院している時に緊急一時保護として児童相談所から連絡が入ったことが最初だった。出産予定日の二ヶ月前に一四〇〇グラムの極低出生体重児として生まれ、障害が残るかもしれないと言われていた。だが、志賀夫婦は年齢や性別、障害の有無などで委託される子どもを選ぶことは絶対にしないでおこうと決めていた。

そこにはつらい死産の経験があった。不妊治療の末に四十二歳でようやく授かったわが子には、18トリソミーという染色体異常を始め、いくつかの疾患があることが判明した。出産できる可能性は一割、一年間生存できる可能性も一割だと告げられた。はっきり診断を受けて、治療したいと出生前検査を受けた。クリニックの遺伝カウンセラーに、どうにかしてお腹の子どもを助けるために子ども専門病院を紹介してほしいと志穂は懇願した。だが、カウンセラーは拒否した。

「多くの助かる命が列をなして診察を待っているのに、どうしても助けることのできない命をそこに割り込ませることは自分の職業倫理としてできない。諦めて他の子どもたちに順番を譲ってください」

志穂は悲しみのあまり、お腹のわが子と一緒に死のうと自殺を図ろうとしたが、それも結局できなかった。その間にお腹の子は心拍停止となり、死産となった。陣痛を起こして、その子を生まなければならない。中期中絶の処置として扱われるのではなく、わが子の小さな命をちゃんと赤ちゃんとして取り上げてくれるお産がしたい。夫にも立ち会ってもらいたいと伝えても中絶手術では難しいと言われるばかりだった。何件も電話をかけて、そんな夫婦の思いに寄り添ってくれたのが埼玉のあるクリニックだった。

それは特別室での出産となった。事情がある妊婦だけが入れる、病院の案内図にもない部屋。陣痛を起こして一般的なお産と同じように出産するので、陣痛室に移った後に、周りからハッピーバースデイの曲が何回も聞こえてきた。

前にこの部屋に入っていたのは十七歳の高校生の妊婦だったと医師は告げた。言葉にならないこの母親としての気持ちを心の奥から分かち合えるのは、顔も名前も知らないその女の子しかいないと志穂は考え、彼女のことを想像していた。

自分はもっと苦しまなければならないと思い、「痛い」とも言えなかった。死産した翌日には役所に死亡届を出して火葬しなければならない。すぐお別れがあるとわかっていても、わが子に会えた短い時間を「人生で一番幸せな日だった」と志穂は言う。

だが、その母親としての多幸感もすぐに消えた。大切なわが子を不条理に奪われた深い喪失感を抱えた日々を過ごすうちに、志穂はわが子の近くに行くために死ぬことしか考えられなくなった。特に夫が仕事に出かけている日中は、悲しみでじっとしていられずに、家中をあてもなく歩き回った。

そんな妻を見守っていた将士は、ある時、前を向こうと提案した。

「一緒に里子を育てないか」

自分は子を殺したのに生き延びている母親なのだ。そんな資格はないと拒む志穂にこう続けた。

「理不尽な親子の別れを経験したのは、里子も同じだろう。その一生抱えていく喪失感に寄り添えることこそ、自分たちが、血縁のない育ての親として誇れることだと思う」

そして、将士は自分だってわが子を失った父なのだと語った。つらいのは母だけではないのだと。死にたいほどつらいなら、自分に決断を預けてほしいと将士は言った。その言葉を聞いて、志穂はようやく少しだけ生きる希望への兆しを持てた。この圧倒的な喪失感が、いつか社会的養護の必要な子どもたちに寄り添える小さな希望へと変わるかもしれない。

亡くなった子どもの名前は「あゆみ」という。重篤な障害が明らかなあゆみのエコーを見た時、どの病院でも医師は一瞬息をのみ、専門職としての自分を立て直してから志穂に告知しているように見えた。だが、死産をしたクリニックの院長だけはその一呼吸がなく、「かわいいね、手を振っているよ」と即座に優しい笑顔で言ってくれた。

夫婦で話し合い、そんなふうに子どもの命に決して線引きはせずに受け入れようと決めた。特別養子縁組の養子は0歳など生後間もない乳児を希望する養親が多いが、里親としてその子どものありのままをまるごと受け入れたい、一瞬でも息をのむ親になりたくないと思った。


日和佐に移住してきてからは、自分たちは血のつながらない親子ではなく、移住者として、そして子育てに困っている母として受け入れられたと志穂は話す。志穂は精神保健福祉士の資格を活かして保健所に専門職として勤め、特定妊婦を含めた母子支援や障害者支援の仕事に就いている。将士は息子の保育園の横という理由だけで、それまで働いたことがなかった製材業に就いた。

埼玉では親子の愛着関係をしっかり築くために、主たる養育者である母には就労制限があって、志穂は働くことができなかった。日和佐に引っ越してきて、ようやく仕事に復帰することができた。初出勤の日は、数年ぶりの仕事のためうまく要領を摑めなかった。落ち込んで家に帰ると、雨の中、近所のおばあさんが家の前で待っていた。そして、「あんたたち親子には、ご近所がついているから大丈夫よ」と言って、手作りの茶碗蒸しを三つ渡してくれた。

「私たちも年だし、家を買わなくちゃいけないかな」と四十代の彼らが心配していると、町の人たちは破顔した。

「そんなもん、津波が来たらここはみんな水の底だから一緒だ」

各家には緊急避難の警報機が備え付けられている。この地域は、十メートルの津波が十分で到達すると予想されていた。

ビルより高い津波を思い浮かべ、そこにいるだけで怖いように私は感じたが、日和佐の人は深刻に物事を捉えないのだという。そのまま、ありのままに現実を受け入れて厳しい自然の中で暮らす、生活者としての強さを持っている。志穂が「実は」と息子の病気について語ると、「どうせ人には言いづらい事情でもなければ、便利な都会を捨てて、こんな遠くの海辺の町まで来ないわ。気にすることないわ」と笑い飛ばしてくれた。そのおおらかさに救われるような気持ちになった。

日和佐の隣町である旧海部町は、全国でも極めて自殺率の低い地域として知られている。そこには「病を市に出せ」という言葉がある。悩みや困りごとは口に出せば、周りが助けてくれるという考えだ。

志穂はそれまで隠すことに疲弊してきた。埼玉ではKちゃんが里子であったことを言えなくて、苦しい思いをした。小学校に入ったら、学校の授業で自分の出自を振り返る機会も増える。どうやって真実告知をするのか、周りにどう理解を求めるか、先のことを考えて思い悩んだこともあった。

だが今はもう「実は」と明かす必要もないし、マイノリティであることを隠さなくていい。人と人の境界線は緩やかで、家族の事情は秘密として背負うのではなく、同じ地域で生きていく互いの悩みとして、当たり前にバックグラウンドごと受け止めてもらっている。

小さなことでも困りごとを抱えていると、「できないことはできないとちゃんと伝えなさい」と声をかけてもらえる。だからといって深刻になって聞くのでなく、できる範囲で無理なく助け合い、少し離れた距離で見ていてくれる。だからKちゃんも両親とべったりするのではなく、「農家のこのおっちゃんには勉強を習って、親に言いたくない恋愛相談はこのおばちゃんにしよう」と自身が打ち明けたい人を選んで、悩みを地域に出していってくれればいい。

志穂がKちゃんに見せたいのは、立派な母の姿ではなく、困ったら誰かしらが助けてくれるという信頼だ。なんでもできるようにならなくても、誰か得意な人に手を借りられる。勉強も運動も完璧にできる子どもである必要なんてない。もしもKちゃんが勉強ができなければ友達に教えてもらえばいいし、自転車に乗れなかったとしたら、誰かの自転車の後ろに「乗せて」と言えればいいのだ。

人と人とが親密になるのは、そんな時ではないかと志穂は思う。だめなところを見たり、心の裡を打ち明けられたりした時に、その人らしさへの愛しさを感じて、より深くつながる。不得手なことや苦手なこと、弱みも開示していくしなやかさを伝えたい。

志穂は、十年間ほど精神障害者などの就労支援施設に勤めていた経験があった。そのように障害について理解があっても、一歳五ヶ月くらいにKちゃんの発達障害の特性が顕著になってから、育児が非常に苦しくなった。息子の発達障害については、埼玉にいた頃から医師に相談してきた。だが、医師は「自分から望んで里親になったのだから、そんなふうに言うもんじゃない。発達障害は個性です」と発達の検査すらしようとしなかった。児童相談所も「愛着障害かもしれないし、もうちょっと様子を見ましょう」と診断を避けたという。先輩の養親や里親の数人からは「自分のエゴで親になったのに、障害児と疑う自分を責めて、療育につながるのが遅れてしまった。児童相談所は愛着障害だと相手にすらしてくれなかった」と聞いた。

志穂にとっては、それは子どもに対する優しさではなく、大人たちの逃げのように感じられた。志穂は障害者支援の現場で働いていた専門職としての知識や経験から、発達支援は早期発見・支援が重要であって、日本でもまだ少ないが効果的な療育があることを知っていた。また親としても、障害の特性による子どもの生きづらさは、療育によって減じることができると考えている。

一方、町ぐるみで受け入れてもらえた日和佐では、すぐに言語聴覚士や保健師、心理士や保育士などのたくさんの専門職から、「この子多動があるから、お母さんは育児が大変だったでしょう」と言われた。そして、子どもが少ない過疎化が進む小さな町でも「子どもは町の宝だ」と、すぐに支援するチームと体制を整えてくれた。

その時に、自分が進んで里親になったのだから、母親が責任をもって、人様に迷惑をかけずに子育てしなければいけないと張り詰めていた緊張が緩み、地域で皆に助けられながら、一緒に息子を育てていけばいいのだと何かに許された気がしたという。

同じような悩みを持っていながら、周りに相談できずにいる里親が少なくないことを志穂は知っていた。なぜなら、移住前の埼玉で、里親・特別養子縁組やステップファミリーなど血縁によらない家族の居場所として子ども食堂を運営する任意団体『あゆみの会』の代表をしていたからだ。

そこで里子の発達に悩む里親に向けて、SNSに息子の発達障害のことを書いた。すると、「あなたは親をやめたほうがいい」「かわいそうな自分に酔っている」「社会的養護の必要な子どもにさらに障害者のレッテルを貼るのか」と批判を受けた。里親の世界には、育児のしんどさや葛藤、弱さを見せられない社会からの厳しい視線や圧力があるという。「子育てが大変だと言って、里子が傷ついたらどうするんですか」と叱られたことも一度ではなかった。

里親であろうと実親であろうと、子育てには大変なことがある。志穂は実母のことを思い出していた。

志穂が幼い頃から、母は「実の娘だから志穂の考えていることが何でもわかるよ」「血がつながっているといいね」と言っていた。祖父が志穂を抱っこしようとすると、「私の娘に触らないで」と優しい母が急に声を荒らげたこともあった。

志穂は「実の娘なんてわざわざ言わなくても娘でいいのにどうしてだろう」と思っていた。そして、母が言うように血がつながっているからといって、親友や夫よりも母娘が一番気持ちが通じ合うという感覚をもてなかった。

母親に反発した志穂は進学校であった高校を中退して、家を飛び出した。原宿のアパレル店や渋谷のレコード店で働きながら大検も取得した。志穂の心の拠り所は親ではなく音楽で、十七歳になる頃には、音楽イベントのオーガナイザーやDJ、ラジオ番組の選曲の仕事をするようになった。

そんな時に、バンドでベースを弾いていた将士と意気投合し、すぐに交際を始め、二十四歳で結婚した。

「結婚してから二十年以上経っているけれど、何時間話していても話が尽きない」

将士がそう言うと、志穂は、「夜中まで話して、朝起きてすぐにその続きをするのはやめてほしい」と茶化す。血のつながり以上の強固な絆を夫婦は築き上げてきた。だからこそ、息子とも血のつながりではない関係ができるだろうと信じている。Kちゃんを産んでくれた生母を決して否定しないで、また血縁によらない親子の絆を無理して目指そうとしないで、育ての親として一緒にいたいと思った。

だが、志穂の母は違った。Kちゃんを里親として迎えることは喜んで賛成していたが、養子にすることには反対していた。

里親制度とは、育てることのできない親の代わりに一時的に家庭内で子どもを預かって養育する制度である。里親と子どもは法的な親子関係はなく、実親が親権者となるため、苗字も里親と里子は違うし、実親が引き取りたいと言えばいつでも親元に返さなければならない。

一方、特別養子縁組は、保護を必要としている子どもが安定した家庭を得るため、民法に基づいて法的な親子関係を成立させる制度である。

Kちゃんの生母は、今後も長きに渡って養育は難しいということであった。生母の事情を鑑みた児童相談所の判断もあって、特別養子縁組をすることになったと志穂が打ち明けると、志穂の母は「それは誰も幸せにしない」と泣いて抗った。

そして、自分もまた養子として育った子だと初めて娘に告白した。

建築士だった志穂の祖父が仕事中の転落事故で突然死した後、祖母は再婚して寿司屋に嫁いだ。だが子どもが多くて、さらに祖母は家業の手伝いもしなくてはいけなかった。志穂の母は長女だったため、自分が養子に行くしかないと考え、三歳の時に自分から養子に行ってもいいよと話したという。わずか三歳の子に決断できたとは俄に信じがたいが、志穂の母は確かに自分からそう言ったのだと語った。

遠い親戚であった養親は愛情を注ぎ、とても良くしてくれた。だからこそ、いい子であろうと無理をして振る舞い、生母に会いたい気持ちを愛情深い養親には決して話せなかったという。養親は大学に進学するように望んだが、志穂の母は早く自立したいと商業高校を選び、高校卒業後は経理の仕事に就いた。

自立後すぐ生母に会いに行ったことがあった。冷たくされたわけではないが、新しい家族が増えていて、もう自分の居場所はそこにはなく、寂しい思いを余計に募らせただけであった。かといって生母に会った負い目から、変わらず優しい養親とは距離を置くようになってしまった。早く結婚して、自分の新しい家族を作ろうと決意したという。

「子どもは本当の親が気になるもので、必ず実親を求めに行く。でも養親に感謝しているからこそ、その思いを言うことができないし、生母を求めて会いに行っても養子になった子にはもうそこに入る隙はない。養子縁組は、子どもも養親も生母も秘めた痛みを抱え続けるものだ」

その母の告白に、志穂はショックを受けるよりも、血のつながった家族に対する母の強いこだわりの正体がわかった気がした。母とたくさんの時間をかけて話し合いながら、志穂は慎重に養子縁組を進めた。Kちゃんにもうこれ以上の別離を経験させたくなかったことと、母の背景を知った今こそ家族みんなでKちゃんをできるだけ安定した環境で育てられると思ったからだ。

その後も、母はKちゃんの面倒を見によく家にやってきた。

「おばあちゃんは同じだから、あなたの気持ちがよくわかるからね。ママに言えない気持ちはおばあちゃんに相談するんだよ」

Kちゃんにそう話しかけて、溺愛していたという。

しかし、母は相変わらず、車を飛ばして羽田空港に飛行機を見に通っていた。


Kちゃんと正式に養子縁組が成立した時点で、志穂は母に告げた。

「私はもう娘じゃなくて、母親なんだよ。だから家族をもう卒業しよう。お母さんも好きなことをしていいよ。私も自由に生きるから」

家族から自由になりたいと言い続けながらも、「残りの老後の人生は、かわいい孫のKちゃんがいるからどこにも行けない」と言っていた母の背中を押すつもりだった。

だが母は意外な行動を取った。娘や孫からおだやかに距離を置くのではなく、着の身着のまま家を出たのだ。お金を持っているかさえわからない。生真面目で外出などもせず家事ばかりをしてきた母の行動に驚いた父は、事件性もあるのではないかと考え、捜索願を警察に出した。

しばらくして警察から、「元気にしているから大丈夫、探さないでください」と母が言っていると連絡があった。父のところには「妻でも母でもない、自分のためだけの人生を歩んでみたい」と連絡が届いた。娘の志穂には「養親は愛情深く、経済的にも豊かで申し分のない子どもも時代だった。だからこそ養子として良い子でありたい、養親を失望させたくないという思いが強く、一切わがままが言えない子どもだった。それが苦しかった」と打ち明けた。

志穂は心配しながらも、同時に安堵の気持ちも覚えた。母は、長い年月をかけて積み上げた「かくあるべき」という家族像の呪いから解放されて、自分自身の人生を歩みだしたのだ。

家族だからこそ深くわかり合える半面、家族だからこそわかってほしいとぶつかり合う。家族や血縁はそもそも面倒くさいものだと志穂は考えている。それなのに、特別養子縁組だと、「家族はすばらしい」「子育ては幸せしかない」と良い部分だけを強調せざるを得ないプレッシャーがあるという。血がつながっていないからこそ良い親、良い家族であるべきだという規範にがんじがらめになっているように見えることもあった。

そして里親や養親が「血がつながっていなくても本当の家族だ」と声を大にして語る報道を見ると、志穂はそんなに簡単なものではないだろうと思うし、そこには子ども側からの視点がないことに小さな不安も感じる。

「養子縁組は幸せな側面だけでなく、養子の子どもが生母との別離を経た上での喪失から始まる家族の物語ではないか。だから子を迎えてハッピーエンドではなく、そこから始まるものだ」

だって、母がそれを表している。七十歳を超えても、自分が養子であったことをずっと胸に秘め、娘の志穂にすら明かすことができなかった。血のつながっている家族だから誰よりもわかり合える存在であって、決して離れてはいけないという重石をあえて抱え込み、死守してきた。

家族の重たさから抜け出すためには、娘や孫、夫から離れなければならなかった。そうしなければ養子になった子どもとしての葛藤を自由に放つことができなかったのだろう。

「養子は実子となんら変わらないと言うけれど、母は七十歳まで誰にも相談できず、自分が親となってもずっと一人で苦しんでいました。そしてようやく自分のために生きたいと七十で思えたのです。家族だからこそ、いつも一緒にいなくてもいい」

外から見れば、育児の手助けが必要なまだ小さな孫を置いて家を飛び出すなんて、ひどい祖母だと思われるかもしれない。だが、志穂はそれで構わないと思う。親子は理想や正しさでつきあっても、互いに苦しいだけだからだ。

今はまだ二歳のKちゃんだが、いろいろなことがわかる年齢になれば、いつか生母に会いたいと願う日が来るかもしれない。愛情をいくら注いでも、養親の自分たちから飛び立つ日も来るだろう。Kちゃんの痛みは本人にしかわからない。子の痛みがわかると言い切ることは、親の子どもへの支配でもあると志穂は思っている。

だから、冷たいようだけれど、その痛みは自分で解決するしかない。親だからと痛みを代わってあげたい気持ちを沈めて、そっと隣にいて見守っていたい。そして失敗したら、いつでも戻ってきてほしい。十年後になって、「あれは間違っていた」と、互いの非を責めることなく言い合えるのが家族ではないかと思っている。

母としてでなく、一人の人間としての自分の人生の歩みだって同じだろう。良いと信じていたことが揺らいだり、先の未来には後悔だってするかもしれない。ネガティブな気持ちも、人として抱えてしまう利己的な思いも、自分勝手さも、緩やかに互いに、ただそこにある感情として認め合いたい。

自閉症だと診断されたKちゃんは私のところに走り寄って、絵や家族の写真を見せ、「ママ」「パパ」と指を差す。髪は茶色で細く、色白だ。「自分たちにまったく似ていない。それでいい。それで愛しい」と志穂は言う。

「家族というのは旅行かばんみたいなもの。持って安心できるなら持てばいいし、重くなったら置いて出かければいい。家族を固定していることには意味がない。苦しくなるだけだから」

志穂も好きなところを旅してきた。

家を出た後、精神障害者福祉施設で働いた。そこで知り合った精神障害をもつ若者は、いつも重い質問を投げかけてきた。小学生の時、「お前のお母さんおかしい」と友達にいじめられたことがあったと語った。自分のことならいいが、母のことを悪く言われるのはどうしても許せない。彼は気がつくといじめっこを椅子で殴って、流血させていたという。

「でも志穂さん、なんで悪いやつを殴っちゃいけないの？」

上っ面の答えでは許されない、自分自身が試されている気がした。そんな根源的な質問に向き合っているうちに、志穂はどんどん重圧に耐えられなくなってきた。もう無理だ、その人の担当を外してくれと施設に頼んだ。

その後、ほどなくして彼は自死した。まだ二十代だった。

「私のせいだ」と志穂は自分を責めた。どうしようもなく苦しくて、「もうこの仕事は自分には無理だ」と退職を決めた。ただ辞める前に、前から興味があった北海道の福祉施設「浦河べてるの家」に行ってみようと、何かに縋るように飛行機に飛び乗った。

志穂はただの一般の見学者として施設を訪問したが、利用者とスタッフのミーティングに参加させてもらうことができた。そこではそれぞれが「今日つらかったこと」を話していた。気がつくと、志穂は嗚咽しながら、若い命を自死に追いやってしまったのではないかという自分の罪悪感を話していた。

その言葉を聞いて、精神障害者の年配の男性はこう笑った。

「志穂さんは、苦労させてもらえるなんてうらやましいなあ」

自分たちは障害者だから支援者や福祉制度に先回りされ、苦労させてもらえないこともある。一人の人間として苦労を取り戻すことは、人生の主体性や自分らしい生き方を取り戻していく過程でもある、と彼は言った。その人は、「もし無理だったらいつでも戻っておいで」と送り出してくれた。

今度こそはちゃんと向き合って、だめな自分も認めた上で、障害のある人に寄り添える支援者になりたい。仕事を続けながら、三十四歳で日本福祉大学に入学。精神保健福祉士の国家資格を取った。

「私って本当に鈍くさい。大切な仲間が命を落としたり、わが子を死産して亡くさなければ動くことができない。でも、人生の時々で、出会うべき人にめぐり逢い、ところてんのように前に押し出されてきた。人とのご縁に感謝するとかクサイことではなく、必然だったように思う。前向きとかいう美しいものではなく、一歩だけ、あと一歩だけとなんとか振り絞るように前へと進んできました」

志穂と将士夫婦の一番好きな場所は、岡本太郎の「太陽の塔」だ。Kちゃんにも見せたいと、三人で大阪へ旅したことがあった。

西成のドヤ街にある簡易宿泊施設の「VIPルーム」に泊まった。VIPといっても布団一人分だけ敷ける狭い部屋の壁をぶち抜き、三部屋分つなげただけの空間だ。だからエアコンは三つある。将士は布団にシミがあることを気にしたが、志穂はものともせず、百五十円で売っているドヤ街名物の激安弁当を嬉しそうに食べた。大浴場では、労働者たちがKちゃんを「かわいい」と泳がせてくれた。

将士は毅然と前を向いて生きる妻を尊敬している。出会ってすぐに「いい店がある」と連れて行かれた場末の居酒屋で、妻はまだ二十歳になったばかりなのに焼酎に梅を入れて箸でかき回した。最初は「おやじのようだ」と思ったが、今はその逞しさも心強い。

「あなたの背中は太陽の塔の後ろ姿そっくりだ。生意気で、見ていてなんかむかつくけど、かわいらしい。憎たらしくて愛らしい背中」

将士は志穂にそう語りかける。太陽の塔は、過去、現在、未来を表す。志穂の背中をそっと見ると、確かにその後ろ姿は勇ましく、何事も受け入れる母の決意が見えるようだ。

志穂がKちゃんを太陽の塔に連れて行ったのは、マイノリティであるアイデンティティを消すのではなく、自身の心の思うままにそれを表出してもいいと伝えたかったからだ。言葉では表現できない感情の揺らぎや、悲しみを外在化して共有できるものがアートだと思っている。Kちゃんはキョロキョロしながらも、太陽の塔を指差して見ていた。

志穂は母子の葛藤を、あえて親子で膝を突き合わせ対話したいとは思っていない。日々の生活の場では、ヒリヒリとするような張り詰めた親子関係の緊張感は、必ずしも必要ではないと考えている。

岡本太郎の母であるかの子は、赤子だった太郎を柱に縛りつけて歌を詠んだ。太郎は泣きながらも「何かそこに神聖なものを感じた」という。母としては未熟な部分があったとしても、その真剣な背中は忘れられなかったのだろう。

志穂はKちゃんに、親としてこうだ、愛情がどうだと押し付けるつもりはない。矛盾を孕む不完全な人間としての自分の背中を見てほしいと思っている。それが立派な母としての背中ではなくとも。

この土地の夜は深い闇に包まれる。夫婦喧嘩をしても、出て行く場所はなく、泣けるところもない。だから志穂は、子どもが寝静まった夜中に家の外に出る。闇の中で鳥の声が響き、虫の羽音が聞こえる。夏になると蛍が乱舞するという目の前の川の土手に座って、暗闇に浮かぶ山を見て泣く。

そして、「上を向いて歩こう」を小さく口ずさむ。野外の音楽フェスで、忌野清志郎のライブを最前列で見たことがある。清志郎は突然、志穂の持っていたぬいぐるみを抱きしめ、ひざまずいてキスし、「上を向いて歩こう」を歌った。再び清志郎から返されたぬいぐるみは、汗とよだれで濡れている。志穂は十七歳だった。

どんなに仲のいい夫がいても、愛しい子どもがいても、消えない悲しみがある。人生は失うことの連続だった。仲間が自死し、死産し、母すらもいなくなった。これからも大切なものを失っていくのだろう。時折、言葉にならない絶望を感じる。その悲しみを、太陽の塔が、清志郎が、そして遠くに見える山々が癒してくれる。

その絶望を家族だからといって聞かなくていいし、語らなくてもいいと志穂は思う。家族は向き合って、絶対的な愛情を持つべきだという規範にとらわれた途端、ぐっと苦しくなる。家族はそっぽを向いていても、ただそこにいるだけでいい。痛みを見つめ合って話し合わなくてもいい。同じ山を見て、同じ歌を口ずさむことができればいいのだ。

「安心して絶望できる人生」——これは「浦河べてるの家」理事長・向谷地生良氏の言葉だという。安心して絶望できる。それが家族ではないか。

今になって、志穂は子どもを置いて飛行機に乗れなかった母の気持ちが理解できるようになった。自由に生きてきた自分も、いつか空港に一人で行って、飛行機を見送り続けるのかもしれない。大切な存在があると、心を置いていくようで動くことができないのだ。

自分は飛行機にもう乗れなくたっていい。でも、わが子には飛行機に乗って欲しい。好きなところがあれば、どこにでも心のままに自在に飛んで行けばいい。

そう思い至った時、志穂はもう一度母に会いたいと強烈に願う。自分も母の背中を見て生きてきたことに気がつく。

死を選んだ母

母は死ねないことを改めて知ったのは、子どもの病気がわかった時だった。

学校健診で引っかかり「要再検査」となった時まで、私はその病名を聞いたことがなかった。慌ててインターネットで調べると、恐ろしい文字が並んでいる。知人の小児科医師に相談すると、「健診で引っかかる子は少なくないけれど、実際はとても稀な病気なので、おそらく心配ないでしょう」と、近医を受診するようにと助言された。

それでも、多くの母が子を案じる時に言いようもない不安を感じるように、私は最悪の場合を想像してしまう。早くこの不安を解消したいと思ったが、疑心暗鬼になっていた私は医師の診断が正しいのだろうかと疑ってしまうかもしれない。だからその病気でいちばん有名な大学病院を紹介してもらい、「とにかく一番早い日にちで予約したい」と頼んだ。

検査結果を告げられた時の子どもの顔は、一生忘れられないだろう。

顔を大きく歪めて、「嫌だ」と泣き叫んだ。全身から「助けて」という思いが溢れ出ていた。

この時に子どもを抱きしめてやるべきだったという後悔を、私は抱え続けている。私は子どもに向き合うよりもまず、治療法を説明する医師に「他の治療法はないでしょうか」と説明を求めていた。医師から提示された治療法は、どう考えてもあまりに大きな苦難を子どもに強いるものだと感じたからだ。命に関わる病気ではないものの、多くの自由が奪われる、長期にわたる治療法だった。

今になってみれば、説明など後回しで良かったのだ。子どもをしっかりと抱きしめて、目を見て「大丈夫だよ」と明るく言ってあげるべきだったと思う。医学的な説明など、治療法など、いつだって聞けるものだ。だが、その時に子どもが感じた不安や悲しみは、生涯にわたって、忘れられないものになるかもしれない。

私は自分を責めても、そしてどんなに子どもを不憫に思っても、泣くわけにはいかなかった。

いい年をした中年だから、ではない。母だからだ。

母親が泣いていたり、動揺していたら、子どもはどう思うだろうか。子どもの頃にわが子と同じ病気で治療を受けていた友人が、こう話していたことを思い出した。

「夜に目が覚めたら、母親が自分を見ながら泣いていた。その姿を見て、とても傷ついた」

主治医は私に言った。

「お母さんが大変な治療だと捉えているとお子さんがかわいそうでしょう。治療することはもっと普通の、当たり前のことだと構えていてください」

おおっぴらに悲しむ自由も、泣く自由も、死にたいと嘆く自由もない。それは子どもを傷つけることになるのだ。

動揺しても、泣いても責められる。病気の子どもを置いて死ぬことなんてもっとできないだろう。そのことを身をもって知った時に、何事も自分で決められると思っていたことは傲慢だったと気づいた。

母は死ねないのだ。


玄関のインターホンを押す時はいつも震える。

わが子の病気がわかる前から、その母親には取材を依頼するつもりで、手紙の下書きを書いていた。だが、私はそれを破り捨て、もう一度最初から書き直した。なぜあなたを取材したいのかという理由とともに、自分の子どもの病気のことも書いた。

それは個人的なことだったし、きっと書かなくていいことだったかもしれないし、書くべきではなかったのかもしれない。でも、書かざるを得ない思いに駆られていた。

その母は遺伝性難病のわが子を手にかけようとしたことで有罪判決を受けていた。私はその母の話を聞きたかった。なぜわが子を手にかけようとしたのか、そしてなぜ助けを求めたのですかと。そして本当は私の思いも聞いてほしかったのかもしれない。

私は孤独だった。実母には子どもの病気の疑いの段階で打ち明けたら、過剰に心配したためにそれ以上詳しく話すことができなかった。周りからも「心配しすぎだ」と言われるばかりだった。子どもが病いを抱える人ならわかってもらえるだろうかと相談してみたこともあったが、自分の子よりも病気が重いかどうかで裁かれるようなことが何度かあった。「他の人には言わないで」と断って話したことが、別の人から「聞いたよ」と連絡が来たこともあった。結局痛みを理解し合うのは難しいのだろう。ともすれば自分にだってそういうところがあったのかもしれない。他人の痛みには鈍感で、自分の痛みには細心の注意を払うものだ。

その母親からは手紙の返事はなかった。突然の取材依頼なんて誰でもびっくりするだろうし、迷惑だったのかもしれない。それでも、手紙が届いていない可能性を考えて、私は彼女の家に向かった。

インターホンを鳴らしても誰も出ない。二階のベランダでは布団が強い日差しに晒され、庭ではたくさんの洗濯物が七月の夏空にはためいていた。

気温は三十度をゆうに超え、外で待つにはとにかく暑い。行きどころのない私は近くを歩いていて見つけたファミリーレストランに入り、一杯百二十九円のいちご味のかき氷を注文した。「かき氷あります」と書かれた幟が窓から見える。かき氷など食べたのは何年ぶりだろう。その甘ったるいかき氷を口に含むと、緊張が解けていく気がした。晴れた日に布団を干すことができるなら、と私は希望をつないだ。どんなに傷ついていても、母親はあたたかいお日様の匂いがする布団で今日は休めるはずだ。店で私は他には何も頼まなかったが、店員は嫌な顔ひとつしない。

空が朱色と金色が混ざりあったちぎり絵のようになってきた頃、私はもう一度だけ彼女のところに行こうと思った。布団は仕舞われていた。

家の中からは会いたかった母親と、彼女と同居する叔父が顔を覗かせ、「手紙の返事をしよ

う と思っていたのにできずにごめんなさい。どうぞ上がって下さい」と声をかけてくれた。母親はスリッパを出してくれ、叔父はメロンを切って持ってきてくれる。ソファに並んで座り、私は彼女が辿ってきた苦難と、そして幸福を聞いた。

かわいい赤ちゃんだった次男がある日、重篤な遺伝性難病だとわかった日のこと。赤ちゃんと長男を一緒に森の中のきれいな小川に連れて行った日のこと。家族で海にバーベキューに行き、酸素吸入器をつけていた次男はテントの中で気持ちよさそうにしていたこと。

幸せそうな家族の映像が浮かんでくる。次男は数時間ごとの痰の吸引も必要だった。次男の通院など車で長時間移動する時は、母が運転するため、まだ小学生になったばかりの長男が車中で上手に吸引する。弟思いの栗色の髪をした幼い長男は、学校でも他の障害を持った子に優しく接していたという。

「私はあの子がかわいくてかわいくて、どこにでも連れて行きました。障害があるなんて気にしたことはありませんでした」

幸せな時間をうっとりと話す母だが、楽しい思い出から苦しい時間のことに差し掛かると、言葉をつまらせるようになった。しかし、一度始まった語りは、終えられることはない。斜面を滑る氷のように行き着くところまで行くしかないのだ。

目が覚めると次男は泡を吹いて息をしていなかった。三時間おきの吸引のため、居間に置いたベビーベッドの傍らで仮眠する生活だった。疲れが溜まっていたのか、知らないうちに寝入っていた。たった数時間のことだった。愛する次男は青くなっていた。五歳の誕生日の直前だった。

次男の病気は厚生労働省の指定難病で、三歳までの死亡例が多く、根本的な治療法は未だない。寿命は超えていた。そんなに自分を責めないでと私は願う。十年前の話だったが、母親の身体中に後悔の苦悩が、その顔に、その腕に、刻まれているように思えた。

けれども、私の「自分を責めないでほしい」と願う気持ちもまた他人事なのかもしれないと考え、口に出すことはできない。母の物語を聞くことしか私にできることはなかった。

母は静かな口調で話し続ける。

次男が亡くなってから自分を責め続け、外に出られなくなった。それでも七年の月日が経って、ようやくクリーニング店で働き始めることができた。そんな時に妊娠が発覚した。望んだ妊娠ではなく、避妊の失敗だったという。次男の病気は父親と母親から同じ原因遺伝子を受け継いだ場合にのみ発現する遺伝性疾患で、子どもは四分の一の確率で発病する。

「またこの子も同じ病気だったらどうしよう、幼くして苦しんで死んでいくのではないか」

母親は悩んだ。同じ病気であればどんなにがんばっても長くは生きられないし、苦しい治療も待っていた。出生前診断や中絶も考えたが、夫の反対もあり産むことにした。生後しばらくして、三男も次男と同じ難病であることが判明した。

そこから場面は飛んだ。一歳の三男が次男と同じように吸引されて、顔を真っ赤にして涙を流している。知らぬうちにわが子の口を塞いでいた。

母親は殺人未遂の罪で有罪となり、懲役三年執行猶予五年の判決を受けた。

生きていても苦しいだけの生なら楽にしてあげよう。

そう思ったのにもかかわらず、母は口を塞いだ後にすぐに我に返って、ナースコールを自ら押してわが子を助けた。

死んだほうが楽になるのではないかと衝動的に行動しつつも、死なせるわけにはいかないと助けようとする思いは、相反するようでいて、通底する願いがある。その気持ちを聞いた時に、私は祈った。どうか少しでもいいから彼女に安らかな時間がありますようにと。

つらい話をしながらも、彼女は私の子どもの病気を気にかけてくれた。母親の苦悩を思えば、自分の話などできるわけはない。だが、彼女は「そうではない」と言う。「母が子を案じる思いは病気の重さではない」のだと。

その後、長男が仕事から作業着のまま帰ってきて、三人で焼肉を食べに出かけた。泣きそうな顔をしながら、母は言った。

「本当は三男と一緒にもう一度暮らしたい」

事件後、三男は療養型の病院に入院しており、月に一度程度しか母は面会できなかった。また手にかけようとする恐れがあるということで、一緒に暮らすことは許されていないどころか、二人きりでの面会も禁じられていた。

「それでもこの子がいてくれるから何とか生きられる」

母はそう言って、長男に寄り添った。

彼女が死んだという連絡を彼女の叔父からもらったのは、二〇二〇年の大型連休明けだった。定期的に会ったり、ＬＩＮＥのやり取りをしていたが、コロナは大丈夫ですかと尋ねたメッセージには返事が来ないままだった。山の中で自死を選んだという。

「僕がいないと生きていけないとママは言っていたけれど、僕もママがいないと生きられない。それなのにどうして死んでしまったのか」

二十一歳になっていた長男は、以前三人で行った焼肉屋で、母と長男が最後に飲んだという居酒屋で、そしてその道中でも、何度もそう繰り返した。

「ママは弟が亡くなってから、『死にたい』とずっと言っていたからしょうがなかったとみんなは言うけれど、そうじゃない。絶対に救えたはずだと思うと悔しい」

この後悔は以前、母その人から聞いたものと同じだった。「しょうがなかった」なんて思えないのだ。わが子、かけがえのない母親、愛する人、そんな人の死は仕方がないなんて言うことはできない。後悔や苦悩は愛情と近い。

「僕はこの世界でひとりだと思います。家族だと思ってねと親戚から言われるけれど、でもママはママしかいない」

夢の中でもいいから、お化けでもいいから会いたいと言う。母は長男に対して繰り返し述べていた。

「もう私のことなんていいから自由に生きて」

長男の自由は、母と生きることだった。「ママと一緒に生きることが小さい頃から自分の望んでいたことだった」と。

私たちは店が閉まる深夜まで飲み続けた。他のことなんて話さずに、ずっとこの母のことを話していた。

幼い頃から病気の弟の世話で母は精一杯で、長男は母に甘えることができなかった。ある日、学校行事に母が来てくれる約束を楽しみにしていたのに、なぜか母の顔が見えない。どうしたのだろうと思って家に帰ると、弟が死んだことを知らされた。早く大人になろうと思った。小学生で身長の伸びは止まった。それでも母がようやく前を向こうとして外に出られるようになった時には、やっと母との時間ができたと思って嬉しかった。だが、まもなくして三男の病気がわかり、甘えることは叶わなかった。

長男が人生で一番幸せだったのは、自分が三歳の頃だと話す。次男はまだ生後半年くらいだった。母は明るく言った。

「今日はお天気がいいから、日向ぼっこしよう!」

昼間からアパートの窓の近くに布団を敷いて、三人でごろんと寝転がって笑いあった。ただそれだけのことだ。どこかへ旅行へ行ったことでも、何か特別な場面でもない。二十年近く経ってもなお、最も幸せな時間はその日だったという。

私は三人を思い浮かべる。アパートは狭いけれど清潔で、布団は天気の良い日には干されていつだってお日様の匂いがしているだろう。笑い合う三人は、その後の苦難なんてまだ想像もしていない。その時を、ただその瞬間だけを楽しんでいた。

そして夕暮れが近づいてくれば、母は得意の料理を作り始めただろう。

長男が幼い頃はいつも穴が開いた靴下を履いていたほど家は貧しかったと言う。だけど、料理上手な母はお金がない中でも工夫して、いつも手の込んだおいしい食事を丁寧に作ってくれた。

「あなたたちにひもじい思いだけはさせたくないの」

青椒肉絲に麻婆豆腐、肉じゃが、餃子。レトルトや料理の素を使うことはなかった。そしてクリスマスには手作りのケーキが、バレンタインデーには手作りのお菓子が毎年登場した。

母が三男の事件後に拘置所にいた時、気持ちを綴っていたノートがある。そこには絶望の言葉、もう死にたいという思いとともに、新聞や雑誌などで見たのだろうか、今度子どもに作ってあげるための料理のレシピがいくつも書かれていた。

その話を聞いた時に、私は「母は死ねない」だなんて、とっくにこの母は知っていたのだと理解した。

母は死を選ぶ時に、子どもたちのことが心残りだったのに違いない。生活のこと、将来のことだけではなく、自分のいない時に何を食べるのかも心配しただろう。

それでもなお、生きることのできない理由があったのだ。

遺書の便箋には皆への御礼が丁寧な字で綴られていたが、最後のページにだけは乱れた字で長男に宛てた言葉が綴られていた。

「ごめんなさい、ごめんなさい、ごめんなさい」

それは紙いっぱいに広がっていた。


母が自死を選んだ時、世間では「子どもがかわいそう」という言葉が囁かれる。「どうして子どもを残して死んでしまったのか」という非難も耳にする。

確かに残された子どもの苦難は計り知れない。だが、そのような言葉は母親たちを苦しめる呪詛となり、子の悲しみも増幅するだろう。

「母は死ねない」というのは、何も自死についてだけではない。いつか墓参りの時に見かけた墓標には、子どもの幼い字で亡くなった母親に対するメッセージが刻まれていた。残される子どもはいつも悲しいし、残していく母もいつだって悲しい。救えたかもしれないという後悔は心の重石になるだろう。自死はもちろんのこと、病気だってもっと早く気づいてあげられればという無念が生まれることもある。けれども、どの母も必死に生き抜いてきた。母たちは死ねないともがき、自問自答したに違いない。それでもどうしようもなかったのだ。その姿をそのまま受け入れたい。

母は死ねないだなんて、みんな知っていたことだった。

そしてもうひとつ、私が知ったのは子どもは親が思うよりも強いものだということだ。

この母親の長男は、「最初はママのところに行きたいと思ったけれども、もう大丈夫」だと話している。自身も難病の原因遺伝子を受け継いでいる可能性もあるけれども、検査はしないと主体的に決めている。

病気の治療を続けるわが子も、時々文句を言いながらも、「人からかわいそうだと絶対に言われたくない」と話す。「かわいそうだなんて誰が決めたの？　自分はかわいそうでもなんでもない」と。強がっているのだとしても、そう笑いながら胸を張ることのできる子どもを誇らしく思う。

何度でも新しい朝を

母とはそれほどまでに強くあらねばならない存在なのだろうか。

私はどうしてももう一度会わねばならないと思った母がいる。メディアでは崩れ落ちる寸前のような、目を腫らして顔がむくんだ母の映像が報道されていた。

小倉とも子が娘の捜索のために配ったチラシは七十万枚以上、美咲を探すためだけに生きてきた。その娘が山中で見つかった人骨とＤＮＡが一致したと知った時に、彼女が信じ続けてきた、新しい朝になればまたがんばろうと思える「朝の希望」も打ち砕かれたのではないかと胸が痛かった。

どんな言葉をかければいいのだろう。私はとも子の家を訪ねる際に、なんと言えばいいのだろうかと戸惑った。

玄関の扉を開けてくれたとも子は笑顔で、大きな声で「どうぞ」と言った。部屋の中は整い、清潔にされていた。だが、その声はかすかに震え、表情は笑っているのに泣いているように見えた。

睡眠薬も抗不安薬も必要がなかった。

山梨県道志村の山中で人骨が見つかってから、とも子はほとんど眠れなくなったし、一人になると朝まで涙を流し続けた。

けれど、眠りたいわけでもないし、苦しみから解放されたいわけでもなかった。どれほど自分が苦しくてつらくてもいいから、娘の美咲に帰ってきてほしかった。だから死にたいほど苦しくても、楽になんてなりたくなかった。

これだけ苦しむだけ苦しんで、どん底まで落ちたのに、どこまで苦しめばいいのだろう。この三年間、一日たりとも美咲のことを思わなかった日はないし、無事にいてほしいと願わなかった日もなかった。一緒にいられなくても、せめて飢えや乾きがないように、寒かったり暑かったりしないようにと神に祈り続けてきた。その小さな願いさえも叶わないかもしれないと知った時に、何を願ったらいいのかわからなくなった。

「もう限界で、崩れ落ちました。十年、二十年これが続いていたらどうなってしまうのだろう。いったん結果を受け入れたことで、この三年間で初めて何もしない時間ができました。一日中落ち込んで、長女と二人で静かに家に閉じこもっていられたのは初めてのことでした」

最初に警察から電話を取った時はまさかこんなことになるとは思わなかったと、とも子は言う。四月二十二日の夕方のことだった。

「人骨のようなものが見つかりました」

とも子は友人の家にいて、席を外して電話を受けた。

「それが美咲と関係あるのですか」

そう尋ねると、警察はこのように答えた。

「まだ人間のものかどうかもわかっていませんし、美咲ちゃんと関係があるかはまったくわかりません」

「そういう電話してこないでいただけませんか。関係ないかもしれないのに、気持ちをざわつかせることはやめてほしいです」

とも子はそうきっぱり言って、電話を切った。美咲と関係あるわけがないと信じていた。

だが翌日の夕方のニュースで、山梨県道志村のキャンプ場でボランティアの男性が人骨のようなものを発見したと流れた。その最中から、玄関のチャイムが鳴り始め、夜中の一時過ぎまで十数件の取材対応をした。

それからは怒濤の日々だった。美咲が身につけていたものと特徴が似た運動靴や靴下が発見され、枯れ葉の下の腐葉土から肩甲骨、さらに上下あごや歯、腰椎などが次々と見つかった。

「私は絶対に諦めません」

とも子は気丈にそう発信していた。美咲の誕生日の翌日五月十四日にDNA鑑定の結果が出て、美咲とDNA型が同一であることが伝えられたが、とも子は「DNA鑑定は理論上、百パーセントだと言い切ることは不可能なようなので」と述べ、〇・一パーセントでも〇・〇〇一パーセントでも美咲ではない可能性があるならそれを信じたいと望みをつないできた。

それでも、その後もとも子のところには「鑑定結果は美咲ちゃんのものと一致しました」という連絡が十数回にわたって入り、その度に美咲の死を伝えられているように聞こえた。

とも子は、長女や母と一緒に、キャンプ場から六百メートル離れている、頭蓋骨が見つかった水が枯れた沢に行った。また、警察の捜査が打ち切られる直前、美咲がここから落ちたのだろうと警察が推定した山中にも登った。険しい山道を一時間ほど歩かなければならず、手をついて歩かなければいけないほどの急斜面もあった。

「寂しい場所で、本当にここにいたんだと思うとかわいそうで胸が苦しくなりました。美咲は動物とお話ができると言っていたので、美咲が家に帰りたいという思いから、発見してもらうために自分の体の一部を動物に運んでもらったのだとしたら……。その気持ちを母としては『おかえりなさい』と受け入れてあげなければいけないと思いました」


最愛の娘がこの世にいないかもしれないと思ったとしても、朝はやってきた。

とも子はそんな時でも、中学一年生の長女のために朝食を作る。

美咲がいなくなってから、長女は性格が一変してしまった。以前は明るく屈託のない性格だったのに、いつも何かにいらだち、怯え、泣き、不安定になっていた。

それでもようやく少し落ち着いて日常を取り戻してきた矢先に、人骨が見つかった。テレビをつければ、見たくなくても美咲のニュースが連日流れている。長女は「死にたい」と泣きじゃくった。

「もしかしたら美咲が死んじゃったかもしれないのに、自分は学校で友達と話をしたりして、その時は美咲のことを考えていない。そんな自分は嫌だから死にたい」

「美咲ちゃん残念だったね」という言葉を誰かからかけられることも恐れ、学校に行きたくないと毎日言っていた。

とも子が「あの時」に後悔を持ち続けているように、長女も自分を責め続けた。キャンプ場で自分が待っていてあげれば、美咲は一人にならなかったと後悔していた。だからこそ、美咲の人骨が発見された現場や落ちたであろう場所に、どんなにつらくても長女は一緒に行くと言った。いつも一緒にいた姉として美咲が取る行動がわかるから、参考になればという思いだった。

それでも、どうしても妹の不在が苦しく、生きていくことが大変に思えることがあるという。

「自分には生きている価値がない。美咲がここにいて、私がいなきゃよかったのに」

大声をあげたり、叫んだりする長女を、とも子は抱きしめて、「責任なんてない」と繰り返した。話したいことは何でも聞くし、ぶつけたい思いはすべて受け止めるつもりだった。

とも子は長女を支えることに全力を注ぎ、どれだけつらくても娘の前ではできるだけ普通に過ごそうとした。

夫は精神的に追い詰められて体調を崩し、もう悩みを分かち合える相手ではなくなり、家族はバラバラになっていた。子どもたちを守れるのは母である自分だけだと思った。

だからこそ、長女の前では母である自分が泣いていてはいけない。母親は子どもの前で泣くこともできない。

気丈に振る舞い、冷静に状況と心境を話すその姿に、私は「やっぱり強いですね」と驚いた。

「強い、強いって言われるけど、私の場合は本当は強い人間ではないと思います。自分で言うのは変なんですけど、子どもへの愛情から強く振る舞っているだけで、そうでなければ強くいる意味もないし、強くなければいけないとも思いません」

できるだけ泣かないのも、テレビを通してその姿を長女が見るかもしれないと思ったからだ。親が子どもの気持ちを感じるように、子も親の気持ちを汲み取るものだ。

それに美咲は、母親が悲しんでいることを望まないだろう。かつて夫婦げんかした時に、まだ幼かったのに美咲は、「私がいるから大丈夫だよ」とともも子を抱きしめてくれた。それはとも子自身が、日頃から娘たちにかけていた言葉でもあった。

「母である自分がめそめそ泣いていたら、子どもたちが落ちこんじゃうでしょう。だから、いつも無理にでも笑うようにしてきました」

最近になって自分の母の本当の気持ちが、ようやくわかるようになったとともも子は言う。ずっと強い母だと思っていたけれど、自分が大人になり、もう守るべき子どもではなくなると、母の弱さや悲しみを初めて知るようになった。時には、子どもの頃に聞くことは一度もなかった、愚痴のような言葉も耳にした。

「実は母は、ほわほわした抜けたところのある人だったことを知りました。今の私のように、守らなければいけない存在があるから強くなっていたのでしょう。だから、私も長女が大人になって、だんだんと自分の足で人生を歩けるようになったら、少し気を抜いていいのかもしれないと思っています。まだまだ先でしょうから、しばらくは強くいなければいけませんね」

母が強いのはもともと強い性格だからではない。守るべきものの存在があるからこそ、歯を食いしばって強くあろうとするのであろう。その強さはここまでなのかと、とも子を見て感嘆する。けれども、それは絶対的に不変なものではなく、子どもの成長とともに変化していくものなのだ。

もう二度と行きたくないのではないかと思われたキャンプ場にも、とも子はＤＮＡ鑑定後も通っていた。当時の状況をよく知る自分だからこそできることをしなければならないと、ボランティアをしてくれた人などの聞き取りをまとめているのだという。

警察は事件か事故かはわからないと言っているが、事故ではないとともも子は思っている。現地に行ってみて、どう考えても七歳の慎重な娘が一人で行くような場所ではないというのは家族全員の一致した意見だった。

だから、当時を知る人たちの証言を資料としてまとめて、警察に渡そうと考えている。もしも事件だとしたら、犯人の口から美咲の状況などつらい事実を聞くこともあるかもしれない。それでも聞かなければ一生後悔するから、裁判になれば絶対に自分は行くだろうとともも子は言う。手を握りしめすぎて、掌は血だらけになるだろうと思う。

「親になった以上、子どものつらい話であっても、全部知らなくてはいけない責任があると思う。苦しくても知ろうとするのが親の愛でしょう」

本当は見たくない、知りたくない事実から、とも子は目をそむけない。

私が最初にとも子のところを訪れた時、とも子は「これを見てください」とスマートフォンの画面を向けた。そこには美咲が性的な被害にあっている様子を描写するおぞましい妄想が書かれていた。私は同じような年齢の子をもつ母として、思わず目をそむけたくなった。だが、とも子は「しっかりとこの現実を見てください」と私の目を射た。いまだに続く誹謗中傷にも目を通してくださいと言った。

とも子への誹謗中傷は刑事事件として起訴され、二件の有罪が確定した。民事訴訟も行うという。そのような法的措置を行ってもなお、人骨が見つかってから、また大量の誹謗中傷が押し寄せた。

とも子はしばらくSNSを見られずにいた。それでも情報提供が混ざっている可能性もあるため、無視するわけにはいかないという。どれほどつらくても、現実を直視しようとしている。

「私のことを犯人だとか、悲劇のヒロインになりたいのだと言うことは、腹が立ちますがまだ自分のことだからいい。でも美咲が苦しんだであろう形を笑うような侮辱だけはどうしても許せません。本人だって好きでそんな状態になったわけではないのに、苦しかっただろうに、同じ人間としてどうしてそれがわからないのだろうと思います」

刑事であろうと民事であろうと、訴訟は疲弊し、途方に暮れることも少なくない。誹謗中傷した相手は、「そんなつもりではない」と言い訳ばかりしていたという。

「これからだって数は減ったとしても、誹謗中傷はずっと続くかもしれません。だからこそ、今ここでしっかりと対峙しなければいけない」

それは今後同じような苦しみをもつ人を減らすためでもあるし、長女を守るためでもあるという。

とも子は世間に顔も名前も知られているし、どうしても自分を隠し、伏し目がちになることもあった。けれども、自分がこれからも誹謗中傷を恐れ、人目を避けて生きていけば、それが十年、二十年続いたとしたら、自分の人生だけでなくて、長女の人生も同じようになってしまうだろう。人目を避けて、隠れて生きる背中を娘に見せることで、娘も「お母さんがそうしたのだから、私も同じようにしなければだめだろう」と自信をもって自分の人生を生きられなくなってしまうかもしれない。

それだけは避けなければならない。自分の母が子どもたちのために気丈にがんばったのも、子どもたちが普通に生きていけるようにという思いからだとも子は想像する。

だから、まず自分が顔をあげなければならない。

「自分らしく生きたい。それは何か特別なことをしたいのではなくて、ただ普通に、今までみたいに過ごせるようになったらと思っています。私は本当に、普通の人間なんです。特別強いわけでもない。ただ、前のように普通に生きたい」

そして、やるべきことを終えたら、長女とここで地に足をつけて生きていこうと思っている。

事件後に美咲と同じ長さに切ってから、伸ばし続けたとも子の髪はへその長さにまで達していた。

「傷んでいるし、邪魔だし、何度も切りたいという思いは浮かんだりしましたが、そうすると美咲を諦める、美咲と離れちゃうような思いがしてしまって、切ることはできませんでした。でも、長女が前に進んでいくために、私も前に進まなくてはいけないと思っている。何らかの形で区切りがつけられたら、髪の毛をばっさりと短く切ろうと思います」

リビングの壁には、美咲が保育園の時に書いた「すき」という習字が今も飾られている。なんでも好きな言葉を書いていいと言われ、「カブトムシ」とか「アイス」と書く友達のなか、美咲は「すき」と書いた。美咲はその理由をこう説明していた。

「お友達も好きだし、先生も好きだし、保育園も好きだし、ママも家族も好き。そういうみんなへの気持ちだよ」

部屋は少しずつ片付けたとしても、とも子はこの習字はずっと飾り続けるだろうと思っている。

これまでは、何事もがんばれば報われることが幸せだと思っていた。美咲が戻ってきたらその時に初めて「ほらね」と伝えられると思って、歯を食いしばって生きてきたという。だけど、そうはならなかった今、人に伝えられることはあるのだろうかと迷うこともある。けれども、思い返せば、子どもというのはそもそも思い通りにならないものだった。

「私は子どもを出産した時に、この子を一生守らなきゃいけないと思いました。その時に、いろいろな覚悟が備わったのでしょう。まさかこんな覚悟をするとは思ってなかったですけど……。出産も、子育ても、自分の思い通りにいかない日々を積み重ねて、それで人生も人も思い通りにいかないんだなというのを学んだし、それらの苦労があったからこそ、何とかやってこられたと思います」

そして改めて知ったのは、人の温かさだ。

「人によって苦しめられたけれども、救ってくれるのもまた人でした。美咲のことがあってから苦しみを抱えている人から応援されることも多かった。誹謗中傷もあったけど、これほどたくさんの人に心配してもらい、気にかけてもらった子どももそんなに多くないと思います。だから感謝の気持ちを伝えていきたい」

いま、とも子は死ぬのが怖くなくなった。

これからも美咲をいつも感じながら、一緒に生きていこうと思っている。長女だってそうだろう。美咲を失った痛みを傷としていつまでも心に残しながらも、それでもなお美咲の存在を励みに生きていきたい。

そして、いつかまた必ず美咲に会えると信じている。早く会いたいからといって命を断つことはしない。死にたいほど苦しいという思いはあっても、守らなければならない長女もいるし、この生を生き抜こうと思っている。

長女にはいつも言っている。

「自分がやりたいことを臆することなくやりなさい。楽しい時は思う存分笑って、自分の人生を過ごしなさい」

娘に伝えるだけではなく、自分もいつかそんなふうに生きて、娘にその背中を見せたいと思っている。まだ今は楽しいことなど見つからないけど、長女が笑っている顔を見ると、一緒に笑える時も出てきた。

これまでは長女をどこかに遊びに連れて行くことはとも子にとって気が重かったし、長女自身も自分が楽しむことに罪悪感を持っていた。本当ならそこに美咲がいたはずだと、その不在を感じてしまうからだ。けれど、先日長女をプールに連れて行き、水をかけあって笑い合うことができた。そんな小さな一日一日を過ごしていきたい。

朝は今も希望であり続ける。朝を迎えられたことに、美咲のことを神様に祈れること、長女を「おはよう」と起こせること、そんな日々に感謝できるようになった。

いつかこの生を終える時が来るだろう。その日はゆっくりと来るかもしれないし、突然来るかもしれない。それでも人間はこの世に生を受けた時点で、終わりが必ずくる。生まれてすぐ亡くなる子もいれば、百二十歳まで生きる人もいるし、美咲のような悲しい終わり方もある。

それでも誰にでも最期が来るのは同じなら、その間に自分にできることをしたい。

そして、ようやくその時が来たら自分は喜ぶだろうと思っている。美咲にようやく会えると、喜ぶのだろう。

とも子はその時を希望に、新しい朝を迎える。

その花は散らない

母であることに終わりが見えた時、人は何を考えるのだろうか。

私自身、「母は死ねない」という言葉を最初に自覚したのは、母は子のことを想って「死ぬ自由」さえなくなるのではないかと出産時に考えたことがきっかけだった。しかし、母であることは自分の、そして母たちの多くにとっては己の人生すべてではないだろう。

五十代で妊娠し、その妊娠により命を脅かされる病にかかっている峰子は、このまま死ぬのは無念だと強く思った。心残りだったのは、母としてではなく、女としての人生の終いのつけ方だった。

「本当に死ぬかどうかはわかりません。でも、放っておけば命に関わる病気にかかり、このまま死ぬこともあるんだと思った時に、私の人生って虚しい、残念だったなと感情が揺さぶられました。どれほど男性と助け合いたい、いたわりあいたいと願って生きてきても、この夢は潰えて死んでいくんだと」

峰子が体の異変に気がついたのは二〇二一年秋だった。夏頃からぎっくり腰になって、食欲がなくなり、好きだったコーヒーさえ飲めなくなった。香りにも敏感になり、洗濯洗剤を無香料に変えた。嗅覚と味覚に症状があるため、看護師資格を持つ峰子はコロナではないかと疑った。だが、熱も咳もない。

閉経が近づいているのだろうと思った。以前から生理は不定期で、数ヶ月間こないことも度々あった。そんな時に出血が始まり、さらに血が止まった一週間後にまたどばっと出血があった。これは子宮がんだろうと考え、近所のクリニックを受診した。

「びっくりしないでくださいね」と言いにくそうにする医師の言葉に、峰子は「なんだよ、もったいぶって。がんなら早く言ってよ」と思っていた。だが、医師が告げた言葉は想定外だった。

「妊娠です」

しかも、異常妊娠のため子宮には胎児の姿はないという。すぐに大きな病院を紹介された。

「子宮全摘ですね」

医師は、内診台が上がり切る前にそう告げた。何も見ないままの決定だった。

「この年での妊娠は異常しかないの。あなたのこの年なら子宮筋腫でも全摘ですよ。子どもが欲しいの？」

医師は呆れた口調で言った。がんの可能性もあるため、早めに摘出すべきだという。

「子どもはほしくないですけど……」

だが、子宮を取ることによってがんを抑えるエビデンスははっきりしないとも聞いた。どうして産科に限って、子どもを産まないのであれば、子宮は要らないもの、取ってもいいものという発想になることがあるのだろう。去勢とか避妊の相談で来たわけでない。他の診療科、例えば胃や肺の摘出はもっと慎重なはずだ。

峰子は病院を転院することにした。簡単に子宮を取るわけにはいかない。転院先では信頼できる医師に出会い、「若い女性がするような治療」をしてもらえた。手術を受け、経過観察し、場合によっては抗がん剤治療となる。その判定期限が迫っていた。

恋人は、妊娠を告げると露骨に狼狽し、態度も冷たくなった。コロナや仕事を理由に、通院にもほとんど付きそうことはしなかった。

「亡くなったあなたの両親がきっと守ってくれるさ」

彼はそう言い放ったが、峰子は「あなたは？　死人に任せてどうするの？」と悲しくなったという。

峰子には二人の子ども、大学生の長男と小学生の長女がいる。さらに別の男性との間で自然流産と中絶を一度ずつ経験している。今回が五回目の妊娠だった。すべて父親は違う。

「私はわかる限り五回妊娠していますが、そのすべてにおいて相手の男性は誰も喜ばずに、忌々しいものを見るように私を扱いました。そして、今回は妊娠をきっかけに私は死ぬかもしれない」

最初に私が知り合ったのは大学教員としての彼女であった。端整な顔だちに艶やかな肌、豊かな黒髪の女性で、香り立つかのような華やかさをもつ。看護師として働き、大学院を修了して、現在は大学教員として後進の指導にあたっていた。見た目のたおやかさとは反対に、話す口調はさっぱりとしており、冗談めかした言葉の裏に深い知性が感じられた。

だから、実は文筆業もこなしながら、セックスワーカーとして十年以上活動してきた人だと聞いた時は、驚いたと同時に納得もした。ひとつの世界だけを生きてきた人ではないような、得も言われぬ迫力が感じられたからだ。

峰子は、明らかに女性を差別する父親の下で育ったという。父はいつも母を殴り、さらに峰子が口答えをしても母を殴った。いっそ自分を殴ってくれた方がいい、どうして母を守れないのだろうかと自分を責めた。だが、どうしても守りたいと思ったその母も、峰子を殴った。

一歳しか違わない弟がいたが、父は弟のトイレの始末も峰子にさせた。弟とは夕食のおかずさえ違った。

「女なんかにお金かけるのはもったいない」

父はそう言って、娘が希望する私立高校への進学に反対した。もちろん大学にも行かせるつもりはないと断言した。経済的余裕がなければ仕方がないが、家には十分なお金はあった。「女だからだめだ」と言われたら、もうどうにもしようがないと峰子は絶望した。なぜなら女であることは変えられないからだ。

だんだんとうつ状態になり、学校に行かなくなった。高校三年生でテレクラを使った売春を始めた。その日の光景を峰子は今でも覚えている。自宅から渋谷に向かう電車が、急行の待ち合わせで止まった。このままずっと電車が動かなければいいと願った。

個人の売春では身の危険を感じることが数々あったが、それほど怖いとは思わなかった。死ぬなら死ねばいいと投げやりな気持ちだった。高校を卒業して会社に就職したが、それは長く続かず、二十歳頃から知人の紹介でＳＭクラブで働き始めた。ＳＭクラブなら身体の接触が比較的少ないのではないかと思ったからだった。

それでも大学に行く夢は諦められずに、SMクラブの控室で下着姿のまま猛勉強をした。NHKラジオの基礎英語を中学生からやり直したら、中学の範囲の復習だけで偏差値は70を超えた。二時間しか眠らなくても平気だった。

大学に入学したのは二十五歳の時だ。心理学を学び、それまで「うざい」「死にたい」と漠然と思っていた感情と言葉が結びついた気がした。自分は虐待を受けていたのだとそこで初めて気がついたのだ。卒業論文を書く娘を父は「女が勉強しやがって」と怒った。家を出て一人暮らしを始めたが、必要な物を取りに実家に行くと、自分の部屋のたんすがすべて倒されていた。

大学に通いながらもSMクラブの仕事は続けていた。学費と生活費を稼ぐためだ。卒業時にはすでに三十歳近くになっていたため、当時は新卒にしては年齢が高すぎると就職先も見つからず、そのまま風俗で働いていた。

そんな時に出会ったのが、SMクラブの客として来た品川だった。品川は同業者で、店では何もしなかった。そしてここをやめるべきで、看護師になりたいなら支援すると勧めた。峰子は品川の手助けにより、風俗をやめて、看護学校を受験することにした。看護師なら年齢に関係なく、手に職をつけられるからだ。

品川には妻と愛人がいたが、子どもはいなかった。自分の子を、できれば男の子を産んでくれと峰子に懇願した。ところが四年ほどして峰子が妊娠すると、なぜか品川は「やっぱり堕ろしてくれ」と言うようになった。

峰子は中絶する気などまったくなかった。男の子を無事に出産して、「ほら、だから自分と一緒になってちょうだい」と品川に迫った。品川も、この日に家を出てお前のところに行くからと日付を指定した。

その日、まだ生まれて間もない赤ちゃんを抱いて日が暮れるまで待ち続けた。だが、暗くなっても男はやって来なかった。

「お前は強いから一人でも大丈夫だ。あいつには俺がついていないといけない」

品川は電話口でそう言った。峰子はふらふらと赤子を抱っこしてコンビニに向かった。そこで見知らぬ高齢女性から声をかけられた。

「あなた今は大変だろうけど、赤ちゃんをぶん投げたいと思うかもしれないけど、絶対そんな時期は過ぎるから。大丈夫だから」

そのうち、品川の事業も失敗し、養育費も支払われなくなった。峰子はもう風俗には戻らず、看護師として息子を育てた。

だが、結婚への憧れは捨てきれなかった。結婚相談所に登録し、杉原という男性と婚約した。これまで不倫など報われない恋が多かったため、ときめきではなく釣書で選んだ。安定した収入の穏やかそうな人だった。

それでも、どうしても自分の秘密を打ち明けたくなった。誰かに、自分の人生のすべてを受け入れてほしかったのだと峰子は振り返る。セックスワーカーだった過去を彼に打ち明けると、彼は死ぬほど悩んだと語った。だが、それを受け入れると言ってくれた。

新居も決まり、職場にも結婚のことを伝えた。そんな時に、妊娠が発覚する。

杉原にそのことを告げると、子どものことは知らないし、身に覚えがないと言い出した。

「私は、何十年も、決して安くはない税金をコツコツ納めて真面目に生きてきました。それがなぜ、あなたのような法に背いて生きてきた人間に、一生たかられなければならないのでしょうか」

杉原からのメールには、それまでとは手のひらを返したかのような言葉が並んでいた。

「それから……誰の子か知らないけど、お腹の子どもは産まないほうがいいよ。生まれても不幸になるから」

それでも、この時も峰子は中絶は考えなかった。

「意地ですね。私は子どもを意地でしか生んでない。こんちくしょうと。父親である人に望まれない子どもを自分一人で産んで見せるという意地でした」

長女を出産したのは四十代の時だった。ちょうど大学院受験を控えていて、その年の受験は諦めようと思ったが、指導教授も看護科長も背中を押してくれた。「女性同士だし、いろいろあるのはわかっているから大丈夫」と。

それから十年以上の月日が流れた。長男は大学生になり、教員を目指している。

「私がこんな性格なのに、息子はチームで動くのが好きで、子どものサッカーのコーチもやっている。世の中とか人に対して諦めていないんですよね。それは私にはなかった特質で、とても嬉しい」

もしも自分が死んでしまったとしても、この子は一人で生きていけるだろうと考えてほっとした。

そして娘は小学校高学年になり、かつて罵詈雑言を投げかけた杉原と暮らしている。杉原はひどいことを言っていたのに、娘が生まれると急に態度を変えた。結婚しようと幾度も迫られたが、もうそんな気は一切起きないと峰子は言う。だが、娘の父としての関わりは続いている。看護師の仕事で朝早くて夜遅い峰子にかわって、朝晩の育児の手伝いをしてもらっているうちに、娘が「私、貧乏はいや。パパのところに行く」と言い出したのだ。壁全体がピンク色のかわいい部屋を杉原は用意し、娘の好きな犬も二匹飼ってくれた。自分たちが暮らしてきた雨漏りする借家よりも、娘にとってそれがいいならと峰子は考えた。娘は両方の家を行き来している。

峰子の結婚観の根底にはいつも父と母の存在があった。母は父から死ぬまで暴力を受けており、末期がんで苦しんでいる時も、ひどい扱いを受けていた。食べられないのに、父は「食べないと死んじゃうじゃないか」と無理に食事を口に入れようとする。母はそれを吐き出してしまっていた。すでに家を出ていた峰子が、「うちに来るか、お金を出すからアパートを借りて好きなように暮らしたら」と言っても、母は家から離れようとはしなかった。

そんな母に対して峰子は随分とがっかりした。何故自由になろうとしないのだろう。その謎がとけたのは母の葬式で、母から託された父への手紙が読み上げられた時だった。「お父さんへ、最後まで添い遂げられて幸せでした」という文面だった。

「これが母の価値観で、最後まで一緒にいられたのが彼女にとっての金メダルなのでしょう。それはまっとうできたけど、お母さんは『二度と女には生まれたくない。女はひどい目にあう』と言って死んでいきました。ただ私もこのままでは同じセリフを言いそうで怖い。私は自分の選択で生きてきたけど、それでも女であることにがっかりしたと言って死んでいくのだから」

女であることに母娘二代が苦しんできた。それは娘の世代にも引き継がれていくのだろうか。ただ、希望はあると峰子は思う。最近、娘は化粧の練習や髪の毛のアレンジに夢中になっており、こう言った。

「お母さん、女の子に生んでくれてありがとう。私すっごい幸せ」

峰子は身長が高く、足のサイズも大きい。それをコンプレックスに思ってきた。だから娘の背が高いことを申し訳なく思っていたが、娘はそれを喜んでいた。

「背が高くてすごく良かった。みんなに羨ましいと言われる。ありがとうお母さん」

女で生まれたことの苦しみは、もしかすると娘の代で変わるかもしれない。峰子も母も実現できなかった、女であることの幸せを娘は感じている。

それでも母としては、これからが不安だという。娘が女性らしい体になっていくと、起こりうることを想像する。峰子は少女の頃から街を歩くだけで「いくらでどう?」と声をかけられたり、ちかんにあってきた。花畑の花を踏み散らかすような行為だったと感じていた。娘もそんな経験をするのかもしれないと思うだけでつらい。その気持ちは私にも痛いほどわかった。女性や子どもたちはどうして花を踏まれて生きていかなければならないのだろう。きれいな花のままで生きられないのか。

峰子はどんな少女だったのか。

「娘と私は似ても似つかない。私は小学校一年生の時から死にたいと思っていた。今でも何かあると死にたいと思う、もう十分生きちゃっているじゃんと思うけれど、いつも自分は価値がない存在だと思っている。自分がいるとものを消費する、迷惑だという申し訳なさがベースにある」

かつて、彼女は本を出し、エッセイを書き、社会を変えたいと活動してきた。学費のためにセックスワークをやらざるを得なかったが、これからはお金に困ってもセックスワークをやらない、自分に対してお金を出すように社会に求めていくと宣言してきた。

「でも今から思えば何をいきがっていたんだろうって思います。五十歳を過ぎて思うのは、本気でいつ風俗に戻ろうかということです」

今は看護師から大学の研究者となった。研究費は申請するが、どうしても自分にお金を出してもらうのはおこがましいと思ってしまうのだという。

「やっぱり自分が好きではないままでこの人生が終わるのか」

峰子はそう言って、学生を指導する時にこんな話をすると教えてくれる。患者さんと接する時に、「あなたは大事な人だから」という気持ちを根底に持ってほしい。自分自身が親から成績がよくなければだめ、仕事がこれだけできなければだめだという考えで育てられてきたからかもしれない。そういう首の皮一枚の価値観で自分を見ていると、何かあった時にその思いは容易にくるっと反転して患者さんを軽蔑してしまいかねない。

「看護というのは自分を好きになることとの、自分を大切にすることとの戦いです。もしいじめられたとしても、親が否定しても、自分だけは自分が価値のある大事な人間だと思ってください」

だが、峰子は気づいている。本当は自分がその戦いにまだ勝っていないのだと。

もうすぐ抗がん剤を含め心身ともに厳しい治療が始まろうとしている。そこまでして生きるモチベーションがないと思っていた。子どもたちに迷惑をかけてはいけないと考えていた。

長男は小さい頃、「ママきれい、ママが世界一好き」と言ってくれた。娘も「ママ生んでくれてありがとう。ママの子で良かった」と全身全霊の愛をくれた。それでも自分のことを好きになれない。

「子どもを産むことはチベットの寺院に行くことのようだ」と峰子は言う。救いや希望を求めて寺院に行ったところで、何かが変わるものではないのと同じことだと。

「男性とパートナーシップを築きたいという憧れは、母と父を否定したくないという思いからかもしれない」

と峰子は言う。自分を好きになる戦いは手強く、なかなか勝つことはできない。

だが、峰子は誇れることがあるという。出産ではぎゃあぎゃあ大騒ぎしたけれど、子どもを産んだ時の気持ちは、「オリンピックで金メダルとったらこんな感じかな」というほどの爽快感だった。そのことを思い出すと、峰子は笑顔を見せた。

「私が死んでも、彼らが生き生きしているなら、子どもたちが元気で幸せだったらいいやって思える。悔いだけじゃない。私の人生はがっかりだけど、彼らが健康で楽しいならそれで十分」

　願いはこの子どもたちの生活を守っていける社会になってほしいということだ。

「花畑の花を踏みにじる権利なんて誰にもありません」

　峰子の花畑は踏み荒らされたが、まだ花は咲いている。心を分かち合えるパートナーを得るのは難しいだろうと思っても、それでもいまだに諦めきれない。その思いこそ人生に対する希望だからだ。

花を踏みにじらないために

コロナによる最初の緊急事態宣言の頃、私の母は心筋梗塞をおこし、生死の境をさまよったらしい。

「らしい」というのは、何とか持ち直し、ステント手術が成功して命が助かってから、私がその事実を知ったからだ。状態が悪かったため、手術することは九割方難しいと言われていたようだ。

数ヶ月前から体調が悪かった母は、離れて暮らす私に心配をかけないように連絡しないでくれと家族に伝えていたという。それにコロナの緊急事態宣言中であったことを考えれば、東京からの見舞いは入院先の病院としても認めることは困難だったかもしれない。

母は医療従事者の親類が勤める病院に入院し、近くにたくさんの助けがあっただろうから、私が行かなくても問題なかったに違いない。

だが、私は寂しさを感じていた。

幸いにも手術は成功し、後遺症もなく元通りの生活となった。

しかし、もしかすると娘としての私と母との間に残された時間はそんなに長くはないのかもしれない。

　私にはいつか母に聞いてみたいと思っていたことがいくつかあった。父と不仲だったのに、どうして父の死後に「お父さんに会いたい」と言ったのか。なぜ母になろうと思い、私を産んだのか。私たちの間には葛藤があった。それなのに、正面からきちんと話し合ったことはなかった。私は、娘として見てきた母の顔しか知らない。どんな女性だったのか、女としてどう生きたのか。母がいなくなる前にそれを聞かねば永遠に聞けなくなることを恐れていた。だが一方で、それを聞くことは本当に可能なのだろうかという疑問もあった。あまりにも長く私たちは向き合ってこなかったから、どうすればいいかわからなかった。

　母が私に心配させたくないと思ったように、私も母を心配させるようなことを話せなかった。たとえば、子どもの病気のこと。子どもが病気を疑われて再検査になった時に、母はひどく心配して気に病んでいた。眠れないのか、夜遅くに検査結果を尋ねるＬＩＮＥが届くこともあった。

　その時から、病気についてはそれ以上詳しく話すことはできなくなっていた。心配かけたくなかったから。病気がちな母の体に障るから。あるいは私の与える食事や体調管理が悪かったと責められるかもしれないから。どれも本当で、どれも嘘のような気がする。

　結局、私たちはそういう関係しか築いてこられなかったということだ。

　その始まりはいつからだろうと考えると、小学一年生の夏を思い出す。

　それは蟬が切り裂くように鳴き声をあげる暑い日の午後、学校のプールからの帰りに起きた。いつも友達と帰るのに、その日はなぜか一人だった。

男がいかにも困ったという顔で話しかけてきた。

「このへんで〇〇さんの家を知りませんか?」

「こっちです」

私はその家を知っていたので、案内するために歩き出すと、川沿いの物置小屋の暗がりにぐっと連れ込まれた。そして男はいきなり性器を露出し、私にキスをしようとした。

私はありったけの大声をあげて逃げた。男は追いかけては来なかった。突然の出来事の意味はまったくわからなかったけれども、恐怖から走り続けた。

家に近づくと、泣き声を聞きつけた母が飛び出してきた。私の声は家の中にまで聞こえたのだろう。

母は両手を広げて私を抱き上げようとしたが、恥ずかしくて私はそのまま家に入った。

もう四十年も前のことであるが、その日の情景はいまだに忘れられない。持っていたプールバッグの柄、川のせせらぎ、自分の影。体を触られたわけでも、殴られたわけでもない。もともと私は足も遅くて鈍くさいのに、その時はうまく逃げることができた。それに、世の中には多くの、さらに恐ろしい被害がある。私の記憶などそれほどたいした話ではないと考える人もいるかもしれない。実際に、友達に話してそう言われたこともある。子どもが何らかの嫌な目にあうのは珍しいことではないと。いつまでそんなことを言っているのだと。

確かにそうかもしれない。周りの友人に聞いても、性被害は想像以上に身近にあった。日本では女子は二・五人に一人、男子は十人に一人が、十八歳までにちかんや裸の写真の撮影なども含む何らかの性被害を受けているというデータもある（日本性科学情報センター『「子どもと家族の心と健康」調査報告書』）。この数字を見た時に、暗澹たる気持ちになり、当たり前に見える光景、清潔に見える街、身ぎれいな格好で歩く人たちまでもが恐ろしいものに思えた。この国のどこかでいつも被害は起きている。美しい小川の横で、真夏の太陽が照りつける昼間に、あるいは安全であるはずの家の中の暗がりでも。

珍しくはないことで、人によってはたいしたことないと流せることでも、私はいまだにその時の傷が癒えないのだ。それから長い間、男性が怖かった。

どうして私はこんな目にあわなければいけないのか。困っている人に道案内をしようとしただけなのに。

この出来事をどうにか自分なりに消化したいと切実に思い、その手段は自分にとっては書くことしかなかったからこの仕事を選んだのではないかと今になって思う。

この経験を最初に文字で綴ったのは私のデビュー作で、母はその本を読んでずいぶん泣いていたらしい。どんな出来事だったか、七歳の私は母に伝えられずに、曖昧にしか表現できなかった。だが、それを読んでも母自身は私に向かって何も言わない。私からも何も聞かなかった。話したいこと、聞いてほしいことはたくさんあるように思うのに、どうやって言葉にしていいかわからなかった。今になってみれば、それは互いを傷つけたくなかったからだと思う。

あの夏の日から、私と母の関係には薄い膜がはられた気がする。何かが変わった。世界との距離も。この世界はもう花畑ではないことも知った。今でも少女だったあの時の自分が気の毒になる。自分だけではなく、女であるために損なわれる人や、これから大人になろうとしている女の子や男の子たちのことも。

「あの場所に行ってみたい」

小学生のわが子が、繁華街に集まる十代について報じるNHKニュースを見ながらそうつぶやいた。子どもは一人で街に行ったことがないため、そこがどんな場所か、どこにあるかもわからないだろう。それなのになぜそう言うかといえば、社会問題としてニュースが報じているからだ。居場所のない子どもたちが集う危ない場所だとテレビは告げる。そこに行きたいと言うことで、私を試そうとしているように思えた。自分にも居場所がないと言いたいのかもしれない。

あれほど命がけで産んだ子との関係に、薄い膜がはり出したのはいつからだっただろう。まだ小学生なのに子どもは「絶望」という言葉を使い、そのことに私は驚く。だけど絶望という言葉は、小学生が聞く音楽に、本に、そしてインターネットに、ちりばめられたありふれたもので、それを目にすることを阻止することができない。そして、その言葉の意味に子どもの感情は馴染みだしているようにさえも思える。

子ども用のプログラミングサイトの広場には、本来の目的であるプログラミング学習の成果を交換するのではなく、「ＬＩＮＥしようよ」という誘い文句が溢れている。子どものような拙い文章で書いているが、大人による罠かもしれない。

子どもはまだ本当の絶望を知らない、だからそんな言葉を使えるんだと私は決めつけた。

子どもは私が小学生の時の出来事を知らない。その傷をこれほど長く引きずっていることを知らない。どれだけ花が損なわれることを恐れているかも。どれだけ簡単に花が踏みにじられる社会なのかということも。

私は自分の母とはうまく向き合うことができなかった。だが、子どもとは別の接し方をしなければ間に合わないと思った。

十代に差しかかる、いま伝えなければ。

普段はあまりゆっくり話すこともできない子どもに、私はあの夏の記憶を語り始める。事実を伝えるだけではなく、何が悲しかったかを話す。太陽が肌に照りつけ、蟬の声が聞こえてくる。

七歳の頃の経験を話す私は、震えていたのかもしれない。子どもは何も言わないで抱きしめてくれた。

その瞬間、小説の一節を思い出した。

〈かつて、私は子供で、子供というものがおそらくみんなそうであるように、絶望していた。絶望は永遠の状態として、ただそこにあった。そもそものはじめから。

だからいまでも私たちは親しい。

やあ。

それは時どきそう言って、旧友を訪ねるみたいに私に会いにくる。やあ、ただいま〉

（江國香織『ウエハースの椅子』新潮文庫）

子どもは絶望を知らないなんて、なぜ思ったのか。おそらく子どもはみんなとっくに知っていたのに。自分だって子どもだったのに、子を見くびっていたのかもしれない。しかし、その絶望はどこからやって来るのか。

これまでたくさんの母たちに出会い、たくさんの花が踏み荒らされてきたことを知った。少女の頃から向けられてきた性的な視線や夫から受けた暴力、子を産めという圧力、若さを絶対的な価値とされること、踏み荒らした人は覚えてもいないだろうことに、人の一生は変えられてしまうことを改めて感じた。そして、子どもを突然殺されたり、子が突然いなくなってしまったりした母たちの壮絶な苦悩も聞いた。

それらは重みのある話が多かったけれども、一方で、私にとっては自分の過剰な構え、母はかくあるべきだという思い込みを剝がしてくれるものでもあった。

母たちの話を聞く中で、私は自分の考えが変わっていくのを感じていた。

母はかくあるべきという姿なんてあるのだろうか。

優しくて、強くて、何でも受容する母でなければならないのか。母たちもまた、普通という規範に搦め捕られ、自身の母からの言葉にしばられていた。

本当に母は死ねないのだろうか。

当たり前の子育てができないことに、普通ではないことに苦しみ続けてきた遺伝性難病の子をもつ母は、自死を選んだ。だが、彼女が母として劣っていたとはどうしても思えなかった。必死に生きて、生き抜いてきた。遺書には残していく子どもや家族に対する謝罪の言葉が連ねられていた。母は死ねないなんてとっくに知っていたのだ。それでも終わりを選ばざるを得なかったことを他人が否定はできない。

だんだんと私は、母は死ねないなんて思う必要はないと考えるようになった。

養子を迎えて生きる母がこう言っていた——。それぞれが抱える絶望を、家族だからといって聞かなくていいし、語らなくていい。家族が向き合って、絶対的な愛情を持つべきだという規範にとらわれたとたん、苦しくなる。家族はそっぽを向いていても、ただそこにいるだけでいい。痛みを見つめ合って話し合わなくてもいい。同じ山を見て、同じ歌をくちずさむことができればいいのだ。

同じような思いを、さまざまな言葉で母たちは繰り返した。

私は子育てに自信がなくて、いつも自分を恥じていた。それは、母は「かくあるべき」という姿が明確に存在するのだと考えていたからだ。自分の母がしてくれた程度のことも、子どもにしてあげられない自らを責めてきた。

自らの母に対しても、向き合えないことに痛みを感じていた。私は母を傷つけられない。母は私を傷つけたくない。きっとこれは私たちなりの親子の接し方なのだ。正面から腹をわって話し合えたらいいだろう。しかし、なにもかもは顕にしない関係もある。かわし合って、核心に踏み込まないのも家族のひとつの形だと思うようになった。

母と子の間に薄い膜が存在することは何も悪いことではない。それぞれが別個の人格として生き、尊重しあっているからとも考えられる。小さい頃はどこにでもついてきた子どもの知らない顔が増えていくのは、一人の人間として歩み出していく喜ばしいことでもあるだろう。

母は死ねないという気持ちが私の中に生まれたのは真実だ。今も子どもを悲しませないためにできるだけ生きなければならないという思いは持っている。そして、どれほどつらくても子どもの流した血は最後まで拭く、拭きたいと願うのが母であるということも。しかし、それは時として母のエゴともなる両刃の剣だとも思うようになった。

そして、母はその役割にいるだけの人間でしかないということも知った。私たちは、不完全な母であり、不完全な娘であり、不完全な女であり、不完全な人間だ。私もそうだし、母もそうだった。子どももきっとそういう親になるだろう。

母だからかくあるべきというところから自由になった方が母も子も幸せに違いない。母という呪縛から逃れた先にあるものは何か。これから、それを見届けたいと思っている。

他者の花畑を踏みにじらないようにするためには、力の不均衡を是正しなければならない。男女にしても、親子にしてもそうだ。弱い立場では、相手の言うことが絶対的になる。だから、わが子にはこれから年齢に応じて少しずつ話してみようと思う。今はお母さんとして接しているけれど、本当は弱い人間であること。これまでの人生でどんなことがつらかったか。どんな時に幸せを感じてきたか。

なぜ母になろうと思い、あなたを産んだのか。女として、人間としてはどう生きてきたのか。そしてどれほど私が不完全な人間なのか。

だからあなたも不完全なままでいい、そう何度でも伝えたい。

母は死ねないのか　あとがきにかえて

本書で取り上げた母や娘、女性たちは、母であることとの、あるいは母に対しての、理想と現実とのギャップに苦しんでいた。

母はうまく子どもを愛せないことを、子どもたちは求めていた愛を得られなかったことに傷ついていた。母も子も、自分の苦しみも愛も、相手には理解されていないと訴える。

ただ育て、愛することがなぜここまで苦しいのか。

その疑問は私が抱え続けてきた原点であり、それを知らなければ一歩も前に進むことができないほど切実な問いだったのかもしれない。

ここには様々な母が登場する。わが子を殺された母や難病の子を育てる母、精子提供で子を産んだり、特別養子縁組で子をもった人もいた。夫との関係も困難で、暴力や暴言で自尊心が失われた女性たちもいた。生き抜こうともがいても、死を選んだ母もいた。

それらの姿は一見、どこか特別な人たちのように思われるかもしれない。特別な経験や悲しみ、極端な脆さや強さを抱えている人たちの、どこか遠くの出来事のように見えるかもしれない。

けれども、彼女たちは、私の友人であり、隣人である、どこにでもいる母であり、母とは何かを考える女性たちである。


ありきたりな自分たちが想像もしていなかった困難に直面したとき、それを乗り越える糧となったのは、人との関わりや、人生というものが思い通りにならないもどかしさを自覚することだった。

最愛のわが子が失踪し、すべての力をかけて子を探した母が苦しみの末に、もし自分が人に伝えられることがあるならばこのようなことだと語った。

「出産も、子育ても、自分の思い通りにいかない日々を積み重ねていく。その時間から、人生も人も思い通りにはできないというのを学んだ」

この言葉が、母が子の死を受け入れた時に発された言葉であることに圧倒される。

子どもは母と一体化した相手ではなく、自分の思い通りにならない他者である。もどかしく、時に喜ばしく思いながら、そのことを心から知ることで、互いの人生を認めあう関係が築けるのだろう。それがどのような結末であったとしても。

その自明の事実に立ち戻ることが、母と子の呪縛から、あるいは力の不均衡から逃れられる唯一の手段ではないかと思った。

そして、母親たちが「かくあるべき姿」があると思いこむ背景には、それぞれの問題だけが存在するのではない。母も子も、社会からの視線によって自らを呪縛していた。母や女性、子どもに対して眼差しを向ける社会の方も変わらねばならないことを改めて感じた。

本書で出会った母たちの背中は一貫して、母は、人は、弱くても、不完全でもいいということを伝えてくれたように思える。

母であることの美化も卑下も必要ない、かくあるべき親子も家族もないことに気づく道程だった。


本書はＰＲ誌「ちくま」で約二年にわたって連載した原稿を元に加筆修正し、一部の登場人物を匿名にするなどプライバシーに配慮した。

「ちくま」連載から単行本化に至るまで、筑摩書房第一編集室砂金有美さんにご担当いただき、その熱意と寛容さにいつも助けられた。

最後に、本書のすべては、心に大切にしまっておきたいような個人的な大切な話を分かち合ってくださった方々の賜物である。ここに記して感謝します。

二〇二三年二月

本書はＰＲ誌「ちくま」二〇二〇年八月号〜二〇二二年四月号の連載「母は死ねない」を大幅に改稿し、書き下ろしの章「何度でも新しい朝を」「母は死ねないのか　あとがきにかえて」を加えたものです。またプライバシー保護のため、一部人名を仮名にする等の変更を行った箇所があります。

河合香織（かわい・かおり）

一九七四年生まれ。二〇〇四年、障害者の性と愛の問題を取り上げた『セックスボランティア』が話題を呼ぶ。〇九年、『ウスケボーイズ 日本ワインの革命児たち』で小学館ノンフィクション大賞、一九年に『選べなかった命 出生前診断の誤診で生まれた子』で大宅壮一ノンフィクション賞および新潮ドキュメント賞をW受賞。他の著書に『分水嶺 ドキュメント コロナ対策専門家会議』『帰りたくない 少女沖縄連れ去り事件』（『誘拐逃避行 少女沖縄「連れ去り」事件』改題）、『絶望に効くブックカフェ』がある。

母《はは》は死《し》ねない

二〇二三年三月一〇日　初版第一刷発行

著者　河合香織
発行者　喜入冬子
発行所　株式会社筑摩書房
東京都台東区蔵前二-五-三　〒一一一-八七五五
電話番号　〇三-五六八七-二六〇一（代表）
印刷・製本　三松堂印刷株式会社

 ISBN978-4-480-81570-5 C0095